出遇い、法然と親鸞

花井性寛
Hanai Shokan

白馬社

出遇い、法然と親鸞

はじめに

「出遇い」。どのような人と出遇い、どのような事柄と出遇って、それをどう受け止めたのか、これが人生の中味であると言っても決して過言ではないでしょう。

法然と親鸞の出遇いは、今から八百年以上前の、建仁《けんにん》元年（一二〇一）のことです。その時、法然は六十九歳、親鸞は二十九歳でした。

法然は、「ただ念仏」の一行によって、すべての人間が救われると宣言して、他の苦行や戒律なども、すべて不必要であると主張します。

この法然の主張は、それまでの仏教の常識を根底からひっくり返すような革命的な思想であり、当時の仏教界に大きな波紋を投げかけました。

この意味で、法然は最も根元的で革命的な思想家であり、宗教家であったと言えます。

作家の田口ランディ氏は、法然について、次のように評しています。

「ただ阿弥陀の名を呼べばよい」と言い切った法然という人が、いかに恐るべき天才か想像するだにすごい。

（『聖なる母と透明な僕』青土社）

親鸞は二十九歳の時に、東山吉水の地で法然と出遇います。「その身のままで、ただ念仏せよ」と説く法然。この法然の仰せに射抜かれて、親鸞もまた法然と同じく、「ただ念仏」に生きる者となるのです。法然と親鸞の根元的な出遇いです。

ほとんど、自身のことを語ろうとしない親鸞が、この時の体験については、

建仁辛《かのと》の酉《とり》の暦《れき》、雑行《ぞうぎょう》を棄てて本願に帰す。

と、明確に記しています。

この出遇いは、法然と親鸞という二人だけの出遇いに止まるものではありません。人間にとって最も大切な、根元的な出遇いを示すものです。

現代、いや、いつの時代にあってもそうでしょうが、真の出遇いを見失って、人は彷徨を重ねてゆきます。

中国の曇鸞は、このすがたを「蚇蠖《しゃっかく》循環《じゅんかん》」と譬え、ちょうどそれは蚇とり虫が環のまわりを経巡《へめぐ》るようなものであると表現しています。

「よき人」と出遇い、「弥陀の本願」と出遇う、ここに人生が深い意味を持ってくるのです。

親鸞は、次のような和讃をうたっています。

本願力にあいぬれば
むなしくすぐるひとぞなき
功徳の宝海みちみちて
煩悩の濁水《じょくしい》へだてなし

いただいた、このいのちを「空過する」ほど、寂しく悲しいことはありません。

弥陀の本願に帰し、「ただ念仏」に生きた法然と親鸞の出遇い。その出遇いは時の経過と共にあせるような出遇いではありません。いつも新しく、苦しみ悩む人々に大きな光となる出遇いでした。

今年は、法然の八〇〇回忌、親鸞の七五〇回忌に当たる、記念すべき年です。その年に、法然と親鸞の出遇いの意味を、少しでも明らかにすべく『出遇い、法然と親鸞』と題して、世に送り出すこととしました。

ささやかな書ですが、ご一読くだされば、幸甚の喜びとするところです。

出遇い、法然と親鸞　目次

第二章 法然と親鸞の出遇い

第三章 法然から親鸞へ

第一章　法然とその思想

一、法然という人

法然の説く専修《せんじゅ》念仏は、それまでの「行を修することによって証を得る」という仏教の常識を根底から破るような教えでした。その意味からすれば、法然はラジカル（根元的）な革命的思想家であり、宗教家であると言えます。

ではなぜ、法然は「ただ念仏」という専修念仏の教えを唱説するに至ったのか、その生い立ちから見ていくことにします。

誕生と父の遺言

法然は平安時代末期、鳥羽上皇院政期の長承《ちょうしょう》二年（一一三三）四月七日に、美作国《みまさかのくに》（岡

山県）久米南条稲岡荘《くめなんじょういなおかのしょう》の地で誕生しました。

父は漆間時国《うるまときくに》で、久米郡の治安を司る横領使《おうりょうし》という地方官人であり、漆間家は当地の豪族でもありました。母は朝鮮半島からの帰化人の系統である秦《はた》氏の出自であったと伝えられています。

ちなみに秦氏は、蘇我氏に仕えた倭漢氏《やまとあやうじ》と並んで、帰化人系の二大勢力であったといいます。

法然は幼名を勢至丸《せいしまる》といい、非凡な才能を持ち合わせていました。ところが、九歳の時、法然に悲劇が起こります。父時国が、日頃から対立していた預所《あずかりどころ》（荘園管理人）である明石源内定明《あかしげんないさだあきら》の夜襲を受けて、あえなく非業の死を遂げるのです。

この争乱は平安貴族体制のもとでの地方官人と、新たに台頭してきた武家政治の中での荘園管理者との権力闘争であったと見ることも出来るでしょう。

時国はその死の間際に勢至丸を呼び、次のように遺言します。

汝さらに会稽《かいけい》の恥（忘れられない恥）をおもひ、敵人《あだびと》をうらむ事なかれ、これ偏《ひとえ》に先世の宿業《しゅくごう》也。もし遺恨をむすばば、そのあだ世々につきたがるべし。しかじはやく俗をのがれ、いえを出で、我菩提をとぶらひ、みづからが解脱を求には。

（『法然上人行状絵図』巻一）

法然は突然の父の死という深い悲しみの中で、この言葉を聞きます。父の遺言は生涯忘れることの出来ない言葉として、まだ幼かった法然の心の奥深くへと刻み込まれてゆくのです。事実、法然はその生涯において、たびたび「父の遺言忘れがたし」と述べています。

父を失った法然は、程なく母の弟である観覚《かんがく》が住持する山奥の菩提寺に預けられます。暫らくのあいだ菩提寺に身を寄せた法然は、やがて観覚の勧めもあって、仏道修行を求めて比叡山へと上ってゆく決意をするのです。

比叡山は伝教大師最澄が開いた仏道修行の聖地であり、そこでは最澄の定めた『山家学《さんげがく》生式《しょうしき》』に則った厳しい修行生活が待っています。その比叡山を目指して、いよいよ法然は歩み出すのです。時に天養二年（一一四五）、十三歳の頃のことです。

道を求めて

比叡山に上った法然が最初に訪ねたのは西塔の北谷に住む持法房源光《じほうぼうげんこう》のもとでした。その時の観覚からの送り状には「進上、大聖文殊菩薩像一体」と書かれてあったといいますから、いかに法然が非凡な資質を備えていたかが窺えます。

源光はこの俊才に驚き、やがて法然を、そのころ碩学《せきがく》の誉れ高かった東塔の功徳院に住する皇円阿闍梨《こうえんあじゃり》に託すのです。この皇円のもとで、法然は本格的に天台教義を学び、十五歳の時に戒壇院で大乗戒を授けられ、出家持戒することとなります。

ところで、皇円には龍となって龍華三会《りゅうげさんえ》の暁《あかつき》を期したという伝説があります。龍華三会とは、弥勒菩薩が釈尊の次に五十六億七千万年を経て仏となり、あまねく衆生済度のために、龍華樹の下で三度に及んで行う説法会座のことです。皇円はその会座に連なりたいと願って龍となったというのです。

この皇円にまつわる伝説は、いかに皇円が真摯な求道者であったかを物語ると同時に、自らの修行や能力によって証を得ることの難しさを如実に示すものでもあると言えましょう。後に法然はもう少し早く、自身が浄土の法門を尋ねていれば、師の皇円にこのようなことをさせることはなかったのにと、悔やんだといいます（『行状絵図』巻三十）。

皇円のもとで、三年の間法然は修学に努めますが、やがて隠遁《いんとん》の志を持ち、皇円のもとを辞して、西塔黒谷《くろだに》の別所《べっしょ》に住む慈眼房叡空《じげんぼうえいくう》の門を叩きます。

その折に法然は、幼い頃の昔から今に至るまで「父の遺言」が忘れ難く、隠遁の志の深いことを叡空に述懐するのでした。

このことからも、仏道を求める法然にとって、「父の遺言」がいかに重要な位置を占めていたかが分かります。おそらく、父が殺されたことの無念さと、殺した源内定明への憎悪の念は、いくら仏道を修しても、法然の心から消え去ることはなかったのでしょう。

これが法然にとって大きな問題であり、課題であったと言えます。恨みを抱く者、恨まれる者、そして罪を作り苦悩する者。その人々が共に救われる道はないのかと、法然は真剣に尋ねてゆくのです。

黒谷は当時、名利を離れて、真に仏道を求める隠遁者の集まる場所として知られていました。その指導者が叡空であり、この師から法然房源空と名付けられることとなります。叡空は学徳兼備の僧として尊敬を受けていました。叡空は大原の良忍から浄土教義を学び、源信の『往生要集』を講ずるなど、浄土の教えにも精通していました。後に法然の名声があがると、自ら弟子の礼を執ったといいます。

この黒谷で法然は生死出離《しょうじしゅつり》の要道を求めての止観の実践と、報恩蔵に入っての一切経の閲読《えつどく》を行うのです。その学びは一切経を読了すること数遍にも及び、仏典を見ない日は一度もなかった（木曽義仲が京へ乱入した日だけを除いては）といいます。

このような学びによって法然は、いつ頃からか「智慧第一の法然房」と称されるようになってゆきます。しかし、いかに修学しても生死《しょうじ》の迷いを離れる道は見出せず、法然の苦悩は深まるばかりでした。

　ついに法然は二十四歳の春の頃、生死の解決を求めて南都《なんと》（奈良）の諸師を訪ねる決意をします。黒谷を出て、まず洛西《らくせい》嵯峨にある清涼寺《せいりょうじ》釈迦堂を訪ね、そこで七日間の参籠《さんろう》を行い、「罪悪生死の凡夫」の救済を誓う釈迦如来像に生死からの解脱を祈るのでした。この時の法然の真剣な姿が眼前に浮かんでくるようです。ここには自己に厳しく眼を向ける法然の視線が確かにあります。

　七日間の参籠の後、法然はその足で南都へ赴き、興福寺や東大寺の学僧を訪ね、生死解決の道を求めます。ところが、いずれの学僧も法然の学識に驚嘆するばかりで、その答えは容易に見出すことは出来ませんでした。

　しかし、法然にとって、南都における求法《ぐほう》の旅は決して無意味なことではなかったでしょう。おそらくはこの体験を通して、いよいよ自力聖道によって証を得ることの不可能性を骨身に徹して知らされたに違いありません。

苦悩する法然

　再び黒谷に戻った法然は以前にも増して、自らの救いを求め、ただひたすらに一切経を披閲するのでした。

このときの様子を、法然の遺文と法語を集録した『和語灯録』では、次のように記されています。

悲しきかな、悲しきかな、いかがせん、いかがせん、ここにわがごときは、すでに戒定慧《かいじょうえ》の三学《さんがく》のうつわ物にあらず。この三学のほかに、わが心に相応する法門ありや、わが身にたえたる修行あるやと、よろずの智者にもとめ、もろもろの学者にとぶらいしは、教うる人もなく、しめすともがらもなし。しかるあいだ、歎き歎き経蔵にいり、悲しみ悲しみ聖教にむかいて……。

戒・定・慧の三学とは悪を止め善を修し（戒）、雑念を払い精神の統一を行い（定）、煩悩を断って智慧を身につける（慧）という、仏道修行者が修めるべき基本的な行のことです。

「三学のうつわ物にあらず」と自己を凝視し、「悲しきかな、悲しきかな、いかがせん、いかがせん」、「歎き歎き経蔵に入り、悲しみ悲しみ聖教にむかいて」と、あたかも闇夜に光を求めるかのように激しく苦悩する法然。

この法然の苦悩は、苦悩する一切衆生《いっさいしゅじょう》の救済を誓う阿弥陀仏の本願と根元的な出遇いをはたす、まさに極限の苦悩であったと言えるでしょう。

道を求めて悩み続け、「三学の器」ではない自身に相応した教えはないかと、貪るかのように経論釈を閲読する法然に、やがて夜明けの時が訪れます。

念仏者法然の誕生

すでに法然も齢四十三。その法然に大きな転機が生まれます。それは中国の善導（隋の六一三〜唐の六八一年）の著した『観経疏《かんぎょうしょ》』の一文との出遇いによってもたらされるのです。その一文とは「散善義《さんぜんぎ》」深心釈《じんしんしゃく》に示される次の文です。

一心に弥陀の名号を専念して、行住坐臥《ぎょうじゅうざが》、時節の久近《くごん》を問わず、念々に捨てざるをば、これを「正定の業《しょうじょうのごう》」と名づく、彼の仏願に順ずるが故に（一心専念弥陀名号、行住坐臥不問時節久近、念々不捨者、是名正定之業、順彼仏願故）。

法然は『観経疏』を披見すること三度に及んだといいますが、ついに時が熟して、この文の心と出遇い、「たちどころに余行をすてて、一向に念仏に帰し給《たま》いにけり」の身となったのです。これが法然の回心《えしん》であり、専修念仏者法然の誕生です。「父の遺言」により、十三歳にして比叡山へ入り、生死出離の道を求めて苦悩した法然。その法然がようやく弥陀の本願と出遇い、生死の迷いを超えることが出来たのです。何と長いあいだの求道の歴程であったことでしょう。

この時の法然の回心の様子を、聖覚《せいかく》の『黒谷源空上人伝』には、

高声《こうしょう》に唱えて感悦髄《ずい》に徹《とお》り、落涙《らくるい》千行なりき。

と、記されています。

救いの道である念仏と出遇うことが出来た法然。その法然の感激の鼓動が伝わり、感動の響きが心に染み通ってくるようです。このような法然の回心は承安《じょうあん》五年（一一七五）の春、親鸞三歳の時のことでした。

法然の説法

専修念仏者として誕生した法然は、三十年間いた比叡山を離れ、ひととき西山の広谷《ひろたに》（粟生《あお》の光明寺のあたり）に移り、やがて東山吉水《よしみず》の地に草庵を結び、専修念仏の布教伝道を始めてゆきます。

吉水の草庵には、道俗、貴賤、男女《なんにょ》老少を問わず、人生に問題を持ち、生きあぐね、苦悩を抱えた多くの人々が訪れて、法然の説く教えを聞くのでした。後に親鸞もまた、その一人となるのです。

法然の布教伝道は直截簡明で、どのような人に対しても、「ただ念仏して」生きることの大切さ、念仏以外には救われる道のないことを淳々と説くのでした。

この法然の説法の様子について、『和語灯録』では、

現世をすぐべきようは、念仏申されんようにすぐべし。念仏のさまたげになりぬべくば、なになりともよろづいといすてて、これをとどむべし。（中略）衣食住の三は、念仏の助業《じょごう》なり。これすなわち自身安穏《あんのん》にして、念仏往生をとげんがためには、何事もみな、念仏の助業なり。

と、伝えています。

また、同じく『和語灯録』や『行状絵図』に収められているものに「百四十五箇条問答」があります。これは民衆、女人などからの質問に対しての法然の応答を収録したものです。興味深いものがありますので、その中のいくつかを意訳にて紹介してみることとします。

一、一心に阿弥陀仏を念じたならば、心は改まらず、修行しなくても、念仏だけで浄土往生ができるのでしょうか。

答、心が乱れるのは凡夫の習性で、力の及ばないことです。ただ心をひとつにして念仏を申せば、罪は消滅して、浄土へ往生することが出来ます。妄念よりも重い罪でさえ、念仏を申せば消滅するのです。

一、心に妄念が起こってくるのは、どうしたらよいでしょうか。

答、ひとえに念仏申して下さい。

一、酒を飲むのは罪なのでしょうか。

答、本当は飲まないほうがよいのでしょうが、この世の習いなので。

一、五逆罪や十悪などの極悪の罪も、ただ念仏申すだけで消滅しますか。

答、まったく疑いありません。

一、厄病《やくびょう》を病んで死ぬ者や、子を産んで死ぬ者は、罪が重いと言いますが。
答、それも念仏を申せば、往生します。
一、子供を産んで、仏や神にお参りをすることは、百日の間、障りがあるというのは本当なのでしょうか。
答、仏法では、そのような物忌《ものいみ》はありません。
一、女性が物事をねたむのは罪深いことでしょうね。
答、ただ一心に念仏を申して下さい。
一、念仏を数多く称えるほど往生すると聞いています。残りの命の短い者は、どうしたらよいのでしょう。
答、それはおかしなことです。百度でも、十度でも、ただ一度の念仏であっても往生します。
一、臨終の時、善知識にあうことがなくても、日ごろ申している念仏で往生できますか。
答、善知識にあわなくても、また臨終の時おもうようにならなくても、念仏を申せば往生は間違いありません。

このように、悩みや不安、おそれを抱いている人々に対して、法然は「ただ念仏」の教えを生活に則して、おおらかに具体的に説いてゆきます。

　これによって専修念仏の教説は民衆、公家や武士などへと深く浸透し、吉水の念仏教団は大きな広がりを見せてゆくこととなるのです。

二、法然の思想

では、法然の説く専修念仏の教えの本質はどのようなところにあったのか、この問題について考えてみたいと思います。

『選択集』を著す

法然の主著といえば『選択本願念仏集《せんじゃくほんがんねんぶつしゅう》』（以下『選択集《せんじゃくしゅう》』と略）です。法然が九条兼実《かねざね》の要請によって、この書を著したのは建久《けんきゅう》九年（一一九八）、法然六十六歳の時のことでした。

ちなみに、九条兼実は長く十年程にわたって関白の地位にあり、法然に深く帰依し、法然の外護者でもありました。しかし建久七年の政変により関白を罷免されています。

『選択集』はその名の通り、一貫して「選択」という思想によって貫かれています。すなわち称名念仏の一行を選び取り、他の行を選び捨てるという思想です。この法然の教説はこれまでの聖道門《しょうどうもん》仏教（顕密《けんみつ》仏教、旧仏教）を、その根底から否定するという意味を持つ、非常にラジカルな思想であると言えます。

それだけに、聖道門仏教の立場からすれば、危険極まりのない書であると映ったことでしょう。法然もこれを充分に熟知していて、『選択集』の末尾に「読んだ後は壁の底に埋めよ」と伝え残しています。

実際、法然が『選択集』の書写を許したのは、親鸞をはじめ、弁長（鎮西《ちんぜい》義の元祖）、隆寛（長楽寺義の元祖）、証空（西山《せいざん》義の元祖）、幸西（一念義の元祖）、長西（九品《くほん》寺義の元祖）などの限られた人たちだけです。

ところが、法然が入滅した（建暦《けんりゃく》二年・一二一二年一月）、その年の九月に弟子の隆寛を中心として『選択集』が開版されます。開版されるやいなや、大きな反響が生じ、『選択集』の思想を厳しく批判する者、また擁護する者と、立場を異にして激しい論争が巻き起こってきます。『選択集』を批判する旧仏教側の中心的存在が栂尾《とがのお》の明恵房高弁《みょうえぼうこうべん》（一一七三～一二三二）でした。

理想主義に立つ明恵

明恵は親鸞と同じ年の承安三年（一一七三）に紀州（和歌山県）の地方武士、平重国《たいらのしげくに》の子として生まれます。しかし明恵にも、法然と同じく悲劇が訪れます。それは八歳の時のこと、平家の命で上総《かずさ》に派遣された父重国が源氏との戦いで敗死してしまうからです。同じ年に母も亡くなってしまいます。

両親に死別するという悲しみを経験した明恵はやがて九歳の時、京都栂尾の神護寺に入り、上覚房行慈《じょうかくぼうぎょうじ》のもとで仏道の修学に励んでゆくこととなります。行慈は母方の叔父であったといいます。法然と明恵の生い立ちの軌跡には相似たものがあったと言えます。

明恵は当時の仏教界の腐敗を歎き、僧侶の堕落を厳しく批判して、戒律を立て直そうとした旧仏教界の改革者であり、まじめな持戒僧《じかいそう》でした。明恵は釈尊を敬慕する念が篤く、釈尊と同じ時代、同じ国に生まれなかったことを悔い、三度、天竺《てんじく》（インド）への渡航を試みたというエピソードが残っているほどです。

このように、明恵はあくまでも釈尊を理想として戒律を持《たも》ち、少しでも釈尊に近づきたいと願う、狂おしいまでの理想主義者であったと言えます。

その明恵の思想をよく表すものに、次の言葉があります。

人は阿留辺幾夜宇和《あるべきようは》と云う七文字を持つべきなり。僧は僧のあるべき様、俗は俗のあるべき様なり。……此のあるべき様を背く故に、一切悪しきなり。

（『栂尾明恵上人遺訓』）

この文に示されている「あるべきようは」という言葉、ここに明恵の生涯、立ち続けた思想の原点が簡潔に表されていると言えるでしょう。

明恵の法然への批判

「あるべきようは」という理想を追い求める明恵は、法然の思想と鋭く対立することとなります。はじめ、明恵は法然を持戒堅固な高僧として深く尊敬していました。

ところが、法然が亡くなった建暦《けんりゃく》二年の九月に『選択集』が開版されるや、ただちに同じ年の十一月に『於一向専修宗《おいっこうせんじゅしゅう》　選択集中《せんじゃくしゅうちゅう》　摧邪輪《ざいじゃりん》』（略称『摧邪輪』）を著して、法然の『選択集』を痛烈に批判してゆきます。

「もろもろの邪見は皆、この書より起こる」とした明恵は、『選択集』には大きく二つの過失のあることを挙げ、論難するのです。その二失とは、

一は、菩提心を撥去《はっきょ》する過失。

二は、聖道門をもって群賊《ぐんぞく》に譬うる過失。

の二つです。

ことに、菩提心を否定されたことは、菩提心を仏道の必須条件とする聖道門仏教にとって、その成立基盤を根底から失うこととなります。これに危機感を覚えた明恵は、法然が菩提心を否定したことに対して種々の論難を加えてゆくのです。

釈尊を理想とし、修行と学問に励めば、必ずや末法《まっぽう》は克服され、正法《しょうぼう》が到来するという理想主義に立つ明恵。末法であることを深く認識し、末法に生きる悪業《あくごう》の凡夫という自覚に立って称名念仏の一行を選び取った法然。二人の位置する立場はまったく異なります。明恵の批判は、それ故の当然の批判であったと言えます。

法然の説く専修念仏に対する明恵の真っ向からの論難は日本の思想史上において、希有なものであったと言うことが出来るでしょう。しかし、その時には法然はすでに亡く、明恵の論難に応答することは出来ませんでした。明恵の批判は後に親鸞が『教行信証』を著す時の重要な課題となってゆくのです。

法然の思想の本質

明恵はさらに『摧邪輪』の中で、次のような激しい言葉を法然に投げかけます。

称名一行は劣根一類《れっこんいちるい》のために授くるところの行なり。汝、何ぞ天下の諸人をもって、皆下劣《げれつ》の根機となすや。無礼の至り、称計すべからず。

（『摧邪輪』巻下）

感情的とも思われるこの明恵の批判は、法然の思想的立場を明確にとらえていると言えます。明恵の批判する通り、すべての人はみな凡夫であり、「劣根一類」なのだと法然は主張するのです。

その劣根一類の凡夫《ただびと》に開かれてある行こそ称名念仏であり、それによってすべての人はみな平等に救われてゆくというのが、法然の説く専修念仏の本質そのものなのです。

このように、明恵をはじめとして聖道門の旧仏教側からの厳しい批判を受けたのは、それだけ『選択集』などに表される法然の思想が革命的でラジカル（根元的）なものであったからです。それは今までの聖道門仏教が金科玉条《きんかぎょくじょう》としていた作善《さぜん》的、苦行的な自力主義を、その根本から覆したところにあります。

ところで、鎌倉・南北朝期の文人として知られる吉田兼好の『徒然草』には、法然に関する、次のようなエピソードが紹介されています。

或人《あるひと》、法然上人に、「念仏の時、睡《ねぶり》にをかされて、行を怠り侍《はんべ》る事、いかがして、この障りを止め侍らん」と申しければ、「目の醒めたらんほど、念仏し給へ」と答へられたりける、いと尊かりけり。

（『徒然草』第三十九段）

あるとき、弟子のひとりが師の法然に、「念仏の最中に眠くなってしまったら、どうしたらよいのでしょうか」と尋ねるのです。すると法然は「無理をせず、目が覚めたら、また念仏すればよい」と、おおらかに答えたというのです。

これは一見するところ、何でもない平凡な出来事のように見えます。が、兼好はその鋭い直感力で、ここに法然の思想の本質があると受け止め、しかも、それに対して「いと尊かりけり」と、心から尊敬の念を表しているのです。

この『徒然草』には、明らかに苦行的、作善的な自力主義からの転換が描かれていると言えます。

兼好がとらえているように、法然は一貫して「持戒持律」、「発《ほっ》菩提心」などの自力の諸行を否定してゆきます。否定するばかりか、諸行は念仏を妨げるものであるから廃捨せよと主張するのです。

それはなぜか。諸行は本質的に、人の能力や資質などに基づいて行ぜられるものです。もし諸行を往生の行として許すなら、念仏による凡夫の救いはマイナス的価値としてしか認められなくなるからです。

ここで、先の『徒然草』の記事に戻って見ることとします。兼好は同じ段で、次のような事柄を記しています。

　また疑いながらも、念仏すれば往生すとも言われけり、これもまた尊し。

「疑いも、念仏すれば往生の妨げとはならない」と、法然が言ったというのです。これは「疑い」を肯定していることではありません。「念仏すれば」ということが大事なのです。阿弥陀仏の大悲は人間の信・不信を超え、念仏の行となって、その人の上に注がれている、だからこそ念仏往生は間違いのない事実なのです。これを紹介する『徒然草』の記事も、法然の思想を的確にとらえていると言えます。

専修念仏の核心

法然は『選択集』の本願章で、念仏と諸行を対比し、念仏には「勝《しょう》」・「易《い》」の義があり、諸行は「劣《れつ》」・「難《なん》」であるとして、専修念仏の核心を、次のように語ってゆきます。

念仏は易きが故に一切に通じ、諸行は難きが故に諸機に通ぜず。しかれば則《すなわ》ち一切衆生をして、平等に往生せしめんがために、難を捨てて易を取りて本願としたもうか。もし造像起塔《ぞうぞうきとう》をもって本願となしたまわば、則ち貧窮困乏《びんぐこんぼう》の類は定んで往生の望を絶たん。しかるに富貴《ふうき》の者は少く、貧賤《ひんせん》の者は甚だ多し。もし智慧高才《ちえこうざい》をもって本願となしたまわば、愚鈍下智《ぐどんげち》の者は定んで往生の望を絶たん。しかるに智慧の者は少く、愚痴の者は甚だ多し。もし多聞多見《たもんたけん》をもって本願となしたまわば、少聞少見《しょうもんしょうけん》の輩《ともがら》は定んで往生の望を絶たん。しかるに多聞の者は少く、少聞の者は甚だ多し。もし持戒持律をもって本願となしたまわば、破戒無戒の人は定んで往生の望を絶たん。しかるに持戒の者は少く、破戒の者は甚だ多し。自余の諸行、これに準《なぞら》えてまさに知るべし。

ここには、諸行を本願としない理由が具体的に語られています。法然は現実の世界と、そこに生きる人々のすがたを深く見極めながら、諸行を往生の行としない根拠を検証してゆくのです。明恵が時代社会や、その中で悩み苦しむ人々のすがたを余り問題にしないのと対照的です。

さらに、法然は「まさに知るべし」と言葉を重ねて、続けます。

まさに知るべし、上《かみ》の諸行等をもって本願となしたまわば、往生を得る者は少く、往生せざる者は多からん。しかれば則ち弥陀如来、法蔵比丘《びく》の昔、平等の慈悲に催《もよお》されて、普《あまね》く一切を摂せんがために、造像起塔等の諸行をもって往生の本願となしたまわず、ただ称名念仏の一行をもって、その本願となしたまえり。

この、専修念仏の核心を語る法然の言葉は具体性に富み、生き生きとした確信に満ちています。『選択集』は法然が口述し、それを弟子の安楽と真観が筆記したものですが、ここには、その特性がよく表されていると言えます。

法然は自信に満ち溢れた言葉で、「称名念仏はあまねく一切の衆生を平等に摂取せんがために、阿弥陀仏の大慈悲より選び取られた唯一の行なのだ」とあかすのです。この法然の教説を聞くとき、弥陀の本願と出遇い、念仏申す身となることが出来た法然、その感動の息吹が惻々《そくそく》と身に伝わってきます。

揺るぎのない確信から紡ぎだされる言葉は、多くの人々に大きな救いをもたらすものとなってゆきます。そのような凡夫往生の具体例が『行状絵図』には多く示されていますが、今はその中から二、三の事柄を取りだして見ることとします。

熊谷次郎直実への説法

その一つは熊谷次郎直実《くまがいじろうなおざね》のことです。法然の教えは関東武士の中へも広く浸透し、法然には甘糟太郎忠綱《あまかすのたろうただつな》、宇都宮弥三郎頼綱《うつのみやのやさぶろうよりつな》、津戸三郎為守《つのとのさぶろうためもり》など、多くの弟子がいました。その中の一人として有名なのが熊谷次郎直実です。

源頼朝の家来の中でも、剛の者として知られた直実は源平の戦いで功績をあげ、平家の若武者・平敦盛《たいらのあつもり》の首を討ち取ります。しかし後に、直実は敦盛をはじめ、多くの人々を殺めてきた自分自身の罪におののきを感ずるようになります。また主である頼朝との確執もあったようです。

このようなことがあって、直実は法然を訪ねます。そこで直実は法然に自分自身の今まで犯してきた罪を語り、自分のような罪人でも助かるのかと尋ねるのです。これに対して法然は次のように応答します。

罪の軽重《けいちょう》をいわず、ただ念仏だにも申せば往生するなり。

これを聞いた直実はその場で号泣するのです。しばらくして法然がどうして泣くのかと尋ねると、直実は「手足も切り、命をも捨てなければ、助からないだろうと思い詰めていたのに、ただ念仏申せば助かるぞと聞いて、あまりの嬉しさに泣いてしまったのです」と、しみじみと法然に語ります。すると法然は直実に伝えます。

無智の罪人の念仏申して往生する事、本願の正意《しょうい》なり。

これによって、直実は法然の弟子となり、「ただ念仏」に生きる者として、その生涯を送ることとなるのです。

『行状絵図』には、いかにも直実らしい逸話が残されています。直実は日頃、弟子として法然のもとにいることが多かったようですが、ときどき関東に帰ることもあったといいます。その時は馬で帰るのですが、西に尻を向けないよう、逆さまに乗って行ったというのです。直実の「逆さ馬」として知られています。念仏一筋に生きた直実の純朴な人柄が偲ばれるようなエピソードです。

また、法然の吉水教団にあった出来事として伝承されているものに、「信行両座」の問題があります。これは「信不退（信心を往生の因とする）」の座に着くか、それとも「行不退（行を往生の因とする）」の座に着くのかという問題です。この時、直実は法力房の名で、法然や親鸞、あるいは聖覚などと共に、「信不退」の座に着いたと伝えられています。この伝承からも、直実が法然や親鸞と同じく一味の信心に住していたことが偲ばれます。

遊女への説法

『行状絵図』の中から取りあげる、もう一つの事柄ですが、それは遊女に対する説法です。

承元《じょうげん》元年（一二〇七、実際には建永《けんえい》二年、この年の十月二十五日に承元と改元。親鸞が『教行信証』

の「後序」で承元と記しているので、承元とすることにします）の正月二十日、後鳥羽上皇から念仏停止の宣旨が出されます。これによって法然は土佐国（実際は讃岐）へ配流《はいる》となります。この時、法然は七十五歳という高齢でした。

ところで、法然の伝記によると、念仏停止となっても、なお専修念仏の教えを説く法然の身を案じた、弟子の西阿弥陀仏が説法の中止を願い出たところ、法然はこれに対し、

　われ、たとひ死刑にをこなわるとも、この事いはずはあるべからず。

と、返答したといいます。「ただ念仏」に生きた法然の渾身の気迫が伝わってくるようです。

配流となった法然は京都を発ち、やがて播磨国《はりまのくに》（兵庫県）へとさしかかります。その高砂《たかさご》の地で、訪ねてきた漁を生業とし、殺生の罪におののき苦しむ老夫婦に念仏の救いを説きます。

さらに、室《むろ》の泊《とまり》に着いた時のことです。その泊へ一艘の小船が近づいてきます。小船にはひとりの遊女が乗っていて、遊女は法然に近づき、

世をわたる道まちまちなり、いかなる罪ありてか、かかる身となり侍らむ。この罪業おもき身、いかにしてかのちの世たすかり候うべき。

と、尋ねるのでした。

この遊女の一身をかけて救いを求める問いかけに、法然は「もしも遊女を止めて生活が出来るなら、すぐにでもその生業を捨てなさい。しかし、それ以外に生きてゆく術がないのなら」と語り、続けて、

ただそのままにて、もはら念仏すべし。弥陀如来はさやうなる罪人のためにこそ弘誓《ぐぜい》をもたてたまへる事にて侍れ、ただふかく本願をたのみて、あへて卑下する事なかれ、本願をたのみて念仏せば、往生うたがひあるまじき。

と、遊女の身のままに念仏することの大切さを懇《ねんご》ろに説くのでした。

このような法然の言葉には、人や職業に対しての貴賤的な差別観は微塵もありません。そこに流れているのは罪を作らずには生きてゆけない人間への悲しみと共感です。そしてその全体を包み込むおおらかさと、慈愛に満ちた眼差しがあります。

この法然の言葉は遊女という、ひとりの悩める女性の心を開いてゆきます。これによって遊女は念仏の救いの中に身を置く者となるのです。その時、あまりの嬉しさに、遊女は涙を流して喜んだといいます。

四国へ配流となった法然は、一年も満たずに赦免となります。帰路の途中、その後の遊女の消息を尋ねると、土地の人は「上人の教えを聞いてからは、この近くの山里に住み、ひとすじに念仏を申していましたが、それからほどなく臨終正念のうちに往生いたしました」と告げるのです。これを聞いた法然は「間違いなく往生したであろう」と喜んだということが伝えられています。

法然の最期

いかなる人々に対しても、わけへだてなく「ただ念仏」に生きることとの大切さを説く法然。その法然の説く専修念仏の教えは、あたかも乾いた大地を水が潤すかのように、生きあぐね、悩み、苦しむひとり一人の心のひだへと浸み込み、多くの人々に救いをもたらしてゆきます。

このようにして、ひとえに「ただ念仏」に生きた法然も、いよいよその最期を迎える時がきます。

四国へ配流となった法然は一年たらずのうちに赦免となります。しかし、すぐに京都へ戻ることはかないませんでした。摂津国《せっつのくに》（大阪府）箕面《みのお》にある勝尾寺《かつおうじ》におおよそ四年の間、止まることとなります。

建暦元年（一二一一）十一月十七日に、ようやく帰洛許可の宣旨を受けた法然は、慈円のはからいもあって、東山大谷禅坊へ帰住することとなります。それは十一月二十日のことでした。

帰洛したものの、法然の身体の調子は思わしくなく、翌年の正月二日頃から一層ひどくなり、食事もすすまなくなってゆきます。こうして建暦二年（一二一二）の一月二十五日の真昼時、

光明は遍く十方世界を照し、念仏の衆生を摂取して捨てたまわず（光明遍照十方世界、念仏衆生摂取不捨）。


の文を唱えて、八十年の生涯を終えるのです。

法然の臨終に際し、法然の伝記類には奇瑞《きずい》が現れたと伝えています。親鸞は『高僧和

讃』の「源空讃」で、師の法然の臨終について、

本師源空《ほんじげんくう》のおわりには
光明紫雲《こうみょうしうん》のごとくなり
音楽哀婉雅亮《おんがくあいえんがりょう》にて
異香《いきょう》みぎりに暎芳《えいほう》す

と、うたっています。

法然が死の二日前に、自ら筆を執って書いたと伝えられるのが、遺言とも言える『一枚《いちまい》起請文《きしょうもん》』です。

もろこし、我がちょうに、もろもろの智者達のさたし申さるる観念の念にも非ず。又、学文をして念の心を悟りて申す念仏にも非ず。ただ、往生極楽のためには、南無阿弥陀仏と申して、疑なく往生するぞと思いとりて申す外には、別の子さい候わず。但《ただし》、三心四修《さんじんししゅう》と申す事の候うは、皆、決定《けつじょう》して南無阿弥陀仏にて往生するぞと思う内に籠《こも》り候う也。此外《このほか》におくふかき事を存せば、二尊のあわれみにはずれ、本願にも

れ候うべし。
念仏を信ぜん人は、たとい一代の法を能《よ》く能《よ》く学すとも、一文不知の愚どんの身になして、尼入道《あまにゅうどう》の無ちのともがらに同じくして、ちしゃのふるまいをせずして、只《ただ》一こうに念仏すべし。

このように法然は認《したた》めて、次のように結びます。

証のために両手をもって印す。
浄土宗の安心起行《あんじんきぎょう》、此一紙《このいっし》に至極せり。源空が所存、此外に全く別義を存せず。滅後の邪義をふせんがために、所存を記し畢《おわんぬ》。

『一枚起請文』は、法然の臨終の時、その傍らで仕えていた勢観房源智《せいかんぼうげんち》に直接、授けたものだと伝えられています。
この短い文の中に、法然の生涯における思想が凝縮されていると言えるでしょう。「一文不知の愚どんの身になして……」という言葉は、親鸞の心の中に深く、克明に記されてゆくのです。

文応《ぶんおう》元年（一二六〇）十一月十三日、親鸞最晩年の八十八歳の時に関東の門弟へ宛てた手紙の中で、この法然の言葉を伝えています。

故法然聖人は、「浄土宗のひとは愚者になりて往生す」と候いしことを、たしかにうけたまわり候いしうえに、ものもおぼえぬあさましき人々のまいりたるを御覧じては、往生必定すべしとてえ（笑）ませたまいしをみませ候いき。ふみざたして、さかさかしきひとのまいりたるをば、往生はいかがあらんずらんと、たしかにうけたまわりき。いまにいたるまでおもいあわせられ候うなり。

（『末灯鈔《まっとうしょう》』第六通より）

第二章　法然と親鸞の出遇い

一、法然と出遇うまでの親鸞

法然と親鸞が出遇ったのは、今から八百年以上も前の建仁元年（一二〇一）のことです。その時、法然は六十九歳、親鸞は二十九歳でした。

この、法然と親鸞の出遇いに触れる前に、それまでの親鸞の生い立ちから、見てゆくことにします。

親鸞不在説

親鸞は自分自身のことに関しては、ほとんど語っていません。日蓮（一二二二〜一二八二）が罪を受けて、伊豆や佐渡に流された受難の日々を克明に記しているのと対照的です。そこには私事については黙して語らず、仏法のことしか語ろうとしない親鸞の、ある種強烈な意思が感じられます。肖像画を見ると、法然の肖像画は丸く温容な顔かたちをしていますが、親鸞のそれは骨の張った厳つい、個性的なすがたです。

また、親鸞に関して、真宗教団内で伝承されてきた伝記以外には、『玉葉』や『吾妻鏡』などの日本中世史の根本資料、あるいは幾多の高僧の伝記等を記した書物などにも、親鸞の名前は一切出てきません。そのような事情もあって、明治時代には歴史学者の間で親鸞の実在したことを疑う「親鸞不在論」という説も出されたほどです。

ところが、大正十年（一九二一）に、西本願寺の宝庫から親鸞の妻・恵信尼の手紙十通（『恵信尼文書』）が発見され、親鸞は実在したのだということが証拠づけられる形となりました。

親鸞の誕生と、その時代

親鸞は承安三年（一一七三）に洛南・日野の里で誕生しました。親鸞の生まれた日野家は藤原氏の系統で、その家系からは学問や歌にすぐれた人が世に出ています。親鸞の父は日野有範《ありのり》、母は源氏の流れを汲む吉光女《きっこうにょ》（または貴光女）と伝えられています。

親鸞が生まれた頃は、平家が絶大な力を誇り、平清盛が恐怖政治を行っているような時代でした。いわゆる「平家一門にあらずんば人にあらず」と言われた頃のことです。

やがて、親鸞は師の法然と同じように、幼少にして両親と離別するという悲しみを経験することとなります。それは故あってか、父の有範は宇治からほど近い三室戸《みむろど》に隠棲《いんせい》し、さらに八歳の時には母が病死したからです。

このような事状もあって、親鸞は九歳の春の頃（養和元年、一一八一）、慈円を戒師として、東山粟田口《あわたぐち》の青蓮院で出家得度し、範宴《はんねん》と名告ることとなります。親鸞の戒師となった慈円は九条兼実の実弟で、天台座主を四度も勤めた当時の仏教界の大御所的存在であり、『愚管鈔』を著すなど、学識にもすぐれ、歌人としても知られていました。

折しも、親鸞が得度した、この年の潤《うるう》二月に、栄華を誇った平家一門の棟梁、平清盛が没し、さすがの平家も滅亡へと向かってゆくのです。平家が源氏との戦いで敗れ、壇ノ浦で滅亡したのは、それから四年後の元暦《げんりゃく》二年三月のことです。

ところで、親鸞得度の前年には源平の争乱が激化し、その年の十二月には清盛の命で、平重衡《しげひら》を大将とする平家が南都を攻め、東大寺や興福寺を焼き払い、多くの大衆を殺戮します。これは権力を笠に着た暴挙というほかはありません。『平家物語』には「奈良炎上の事」として、この凄惨な状況を描き、

我朝はいうに及ず、天竺震旦《てんじくしんたん》にも是ほどの法滅あるべしとおぼえず

（『平家物語』巻五）

と、書き伝えています。戦いは必ず憎しみを生み、多くの人の血が流されてゆきます。

また、養和元年から養和二年にかけては、養和の大飢饉が起こるのです。洛中には、これらの戦乱や飢饉、疫病などによって犠牲となった人々の遺体が横たわり、都全体は死臭に満ちていたといいます。

鴨長明の書いた『方丈記』によれば、仁和寺の隆暁法師が打ち棄てられた遺体の額に「阿」の字を書いて弔ったところ、養和二年の四月から五月のわずか二ヶ月の間に、洛中だけで、その数四万二千三百余りにも及んだといいます。

夢や希望を持てない過酷な時代状況、時代の波に翻弄され、蠢《うごめ》くように生きる人々。幼少ながらも、このような不条理とも思われる時代や人間のすがたを凝視し成長する中で、人生そのものに対する親鸞の問いは深まっていったに違いありません。それが比叡山での約二十年間に及ぶ学問、修行へと繋がってゆくのです。

比叡山に上った親鸞は、やがて横川《よかわ》に住し、堂僧として修学に励むこととなります。こ

こでいう堂僧とは常行三昧堂《じょうぎょうざんまい》、あるいは法華三昧堂に所属する僧のことで、不断念仏や法華懺法《せんぼう》を修することが中心であったと考えられています。

横川の地は、『往生要集』を著して念仏往生を宣布した源信（九四二～一〇一七）ゆかりの地でもあります。このような環境は、後に法然と出遇い、念仏の教えに帰入する素地を培っていったに違いありません。

磯長の夢告

その比叡山での修行生活も十年目を迎えた十九歳の頃、親鸞はさらに道を求めて南都を訪ねます。その帰途、聖徳太子の磯長《しなが》の御廟（現在の大阪府南河内郡太子町に所在）に立ち寄るのです。磯長の御廟は聖徳太子と妃の膳大郎女《かしわでのおおいらつめ》、母の穴穂部間人《あなほべのはしひと》の遺骨が納められている「三骨一廟」と言われる墓所で、当時、参籠の場所として有名であったといいます。親鸞はそこで三日三晩の参籠を行うのですが、その最後の夜のこと、次のような夢告を受けるのでした。

我三尊化塵沙界（我が三尊は塵沙の界を化す）

日域大乗相応地（日域は大乗相応の地なり）
諦聴諦聴我教令（諦に聴け諦に聴け我が教令を）
汝命根応十余歳（汝の命根まさに十余歳なるべし）
命終速入清浄土（命終わりて速に清浄土に入らん）
善信善信真菩薩（善く信ぜよ善く信ぜよ真の菩薩を）

この磯長での夢告については、これを歴史的に証明出来る確実な資料がないために、事実性が疑問視されたりもします。それは親鸞が二十八歳の時に受けたとされる比叡山・無動寺大乗院での夢告においても同様です。

しかし、伝承されたこの参籠と夢告の意味するものは大変大きいと言わねばなりません。仮にそれが史実でなかったとしてもです。むしろ人間の有する本質的で内面的な深い問題は伝承や神話、あるいは物語などによって表現されることが多いと言えるでしょう。

勿論、資料の確実性を検証することは大切ですが、だからといって確実な資料がないという理由だけで、すべてを抹消してしまったら、肉付きのない、やせ細った親鸞像となってしまうでしょう。

磯長の御廟における参籠と夢告から、生死出離という大きな課題を抱き、その解決を

「和国の教主」である聖徳太子に求めた、親鸞のひたむきさが伝わってきます。それはやがて、六角堂参籠、法然との出遇いへと繋がってゆくのです。「日域は大乗相応の地、汝の命根《みょうこん》まさに十余歳なるべし」の言葉は、後に出遇う世界を暗示するかのようです。

大乗院での夢告

このようにして、親鸞は生死出離の道をひたすらに求めますが、容易にはその道を見出すことが出来ず、闇夜の中で苦悶するほかはありませんでした。この様子を、存覚の『歎徳文《たんどくもん》』では次のように表しています。

定水《じょうすい》を凝らすと雖《いえど》も識浪《しきろう》頻りに動き、心月《しんげつ》を観ずと雖も妄雲《もううん》猶《なお》覆う

親鸞もすでに二十八歳、磯長での「汝の命根まさに十余歳なるべし」という夢告を受けてから十年目を迎えようとしています。末世における有縁《うえん》の法と、真に教え導いてくれる善知識を求めた親鸞はこの年の十月、比叡山の無動寺大乗院に参籠します。そこで「汝の所願まさに満足せんとす、我願もまた満足す」との、如意輪観音の示現にあずかるのです。

これが機縁となって、翌年の正月より六角堂への百日の参籠を決意するに至ったということが伝え残されています。

この伝承は先の磯長の夢告の伝承と同じく高田派専修寺に残る『親鸞聖人正明伝《しょうみょうでん》』に記録されているものです。『正明伝』は存覚（一二九〇～一三七三）作と伝えられていますが、言葉遣いなどから見て、そうでないことは確かなようです。しかし、これらの伝承において示される内容は道を求める親鸞の軌跡を語るものとして貴重であると言えます。

六角堂参籠

建仁元年（一二〇一）、親鸞は比叡山を下り、六角堂へと踏み出します。六角堂は聖徳太子（五七四～六二二）の創建と伝えられる救世観音を本尊とする観音堂です。聖徳太子は救世観音の化身であるとして、当時の人々から深く信仰されていました。また六角堂は参籠の場所としても有名で、悩みを抱えた多くの人々が集っていました。

百日の参籠を誓って親鸞は六角堂へと通い続けます。そこで自身の救われる道を求め、夜を徹して救世観音に祈りを捧げるのです。

しかし時はむなしく過ぎ、すでに百日の参籠も、九十五日目を迎えようとしています。

その九十五日目（四月五日）の夜もあけようとする午前四時頃、親鸞は救世観音の夢告を聞くのです。その夢告とは「女犯偈《にょぼんげ》」と呼ばれる、次のような内容であったと伝えられています。

六角堂の救世大菩薩は顔容《げんよう》端政《たんしょう》の僧形《そうぎょう》を示現して、白き納《のう》の御袈裟を服着《ふくちゃく》せしめて、広大の白蓮に端座《たんざ》して善信に告命《ごうみょう》して言わく
行者宿報設女犯（行者宿報にして設え女犯すとも）
我成玉女身被犯（我、玉女となりて犯せられん）
一生之間能荘厳（一生の間よく荘厳して）
臨終引導生極楽（臨終に引導して極楽に生ぜしむ）
救世菩薩、この文を誦《ず》して言わく、「この文は吾が誓願なり。一切群生に説き聞かすべし」と告命したまえり。この告命によりて、数千万の有情《うじょう》にこれを聞かしめんと覚えて、夢悟《さ》め了《おわ》んぬ。

（「親鸞夢記」から）

この「女犯偈」と言われる夢告は何を告げようとしているのでしょうか。またなぜ、こ

の夢告を聞くことによって、親鸞は専修念仏の教えを説く法然のもとへと向かったのでしょう。

従来、「女犯偈」について、性の問題に悩んだ親鸞がこの偈によって、女犯の許可を得ることが出来たのだという観点から論じられたりもしています。しかし、これでは「一切の群生に説き聞かすべし」という救世菩薩の告命の意味がまったく不明となります。また法然のもとを訪ねる必然性も生まれてきません。

「女犯偈」は人間の本質的に持つ罪悪性と、その救いをモチーフとしたものであると言えるでしょう。すなわち「女犯」、「妻帯」という形で、具体的に象徴される破戒、無戒の生活が何ら仏道を妨げるものではない。むしろ妻子を伴った日常生活の中にこそ、真の仏道はあるのだということを「女犯偈」は明らかに告げているのです。

在家、出家を選ぶことなく、すべての人々に「罪悪を抱えた身のままで念仏申しなさい。そこに救いはあるのですよ」と説く法然。すでにその教えを聞き、知っていた親鸞は、六角堂での夢告によって、専修念仏の教え以外には救われる道がないのだという決定的な示唆を得、比叡山と決別して、法然のもとへと急ぐのです。

二、法然と出遇ってからの親鸞

ついに、法然と親鸞の出遇う時が来ます。それは建仁元年（一二〇一）の春の頃のことです。法然六十九歳、親鸞は二十九歳でした。東山吉水の地で専修念仏の教えを説く法然、六角堂を後にして法然のもとへと急ぐ親鸞、やがて親鸞は法然のすがたを目の当たりにします。

出遇う師と弟子

求め続けていた「よき人」との出遇いです。法然は訪ねてきた親鸞に、包み込むような温容な態度で語ります。「生きることは罪を作ることであり、罪深い身として生きているのです。その罪深い者にこそ注がれているのが仏の大悲心なのです。だからこそ煩悩の身のままに念仏申しなさい。そこに救いはあるのです」と。

このように語ったであろう法然、その法然の存在全体から紡ぎ出される教言の一言一言は、あたかも水が乾いた大地を潤すかのように、親鸞の心の奥底へと深く深く染み透っていったことでしょう。

「ただ念仏」に生きる人と出遇った、これが親鸞の生涯を決定づけてゆくのです。この事実を後に書き著すこととなる『教行信証』の中で『涅槃経』の文を引き、次のように述べています。

一つには道ありと信ず、二つには得者を信ず。この人の信心、ただ道ありと信じて、すべて得道の人ありと信ぜざらん、これを名づけて「信不具足」とす。

この文は「信不具足」ということを問題としているのですが、ここで親鸞は「道」があると知っただけでは信心が成就したとは言えないとあかすのです。そこに「得道の人」ありということに頷かなければ、具足した信心とは言えないのだと述べるのです。親鸞にとって、その「得道の人」こそ、師となった法然でありました。

こうして百日の間、親鸞は照る日も、降る日にも法然のもとを訪ね、ひたむきに念仏の教えを聞思《もんし》するのです。それは親鸞がその全存在をかけてのことでした。この時の様子を、妻の恵信尼は鮮やかな筆致でこのように誌しています。

山を出でて、六角堂に百日こもらせ給いて、後世を祈らせ給いけるに、九十五日目のあか月、聖徳太子の文をむすびて、示現にあずからせ給いて候いければ、やがてそのあか月、出でさせ給いて、後世の助からんずる縁にあいまいらせんと、たずねまいらせて、法然上人にあいまいらせて、又、六角堂に百日こもらせ給いて候いけるように、又、百か日、降るにも照るにも、いかなる大事にも、参りてありしに、ただ、後世の事は、善き人にも悪しきにも、同じように、生死出ずべき道をば、ただ一筋に仰せられ候いしをうけ給わりて候いしかば、上人のわたらせ給わんところには、人はいかにも申せ、たとい悪道にわたらせ給うべしと申すとも……（以下略）

（『恵信尼文書』第三通）

これは親鸞の亡くなった翌年（弘長三年・一二六三）の二月、親鸞を看取った京に居る末娘の覚信尼へ宛てた手紙の中の一節です。この文を読む時、法然のもとへと急ぎ、ひたむきに師法然の教えを聞く親鸞の姿が目に浮かんでくるようです。

また、法然にとっても、親鸞が訪ねてくれたことは大きな喜びであったことでしょう。問う親鸞と答える法然、師と弟子の魂は響き、相呼応し合って、専修念仏の教えは深まり、確実なものとなってゆくのです。

念仏者親鸞の誕生

やがて親鸞は、法然その人を通して本願念仏の教法と決定的な出遇いを果たします。念仏者親鸞の誕生です。親鸞は自身の上に起こった、この忘れることの出来ない回心《えしん》の体験を『教行信証』の「後序」に

然るに愚禿釈《ぐとくしゃく》の鸞、建仁辛《かのと》の酉《とり》の暦、雑行《ぞうぎょう》を棄てて本願に帰す。

と、明確に記しています。

長く桎梏《しっこく》の闇に閉ざされていた親鸞の心が晴れたのです。言い知れない感動と喜びが全身に満ちあふれていったことでしょう。師の法然と同じく、親鸞もまた「ただ念仏」に生

きる者となったのです。
親鸞は師の法然と出遇うことが出来た喜びを、

曠劫多生《こうごうたしょう》のあいだにも
出離《しゅつり》の強縁《ごうえん》しらざりき
本師源空《ほんじ》いまさずは
このたびむなしくすぎなまし

（『高僧和讃』）

『高僧和讃』は親鸞の七十六歳の頃に作られたものですが、親鸞にとって法然と出遇えたことは長い年月を経ても、決して色あせることはありませんでした。いやむしろ、その出遇いはますます輝きを増してくるのです。
親鸞は法然を「真宗興隆《こうりゅう》の大祖《たいそ》」として敬い、自身を「法然の弟子」として位置づけ、法然に対する謝念と、弟子としての使命感で、その生涯を貫いてゆくのです。

吉水での生活

法然と出遇い、「本願に帰す」という根元的な目覚めを得た親鸞は約六年の間、吉水の法然のもとで過ごすこととなります。そこで師に導かれ、同朋との交わりを結ぶ中で、出遇うこととの出来た念仏の教法の確かさを着実に、より深く学んでゆくのです。この時期に筆録したと考えられる『観無量寿経 集註《じゅっちゅう》』、『阿弥陀経集註』などに、その研鑽の跡がよく窺えます。これらの学びは、後に関東の地で『教行信証』を著すにおいて、大切なものとなってゆくのです。

また、吉水へ入室して五年目の元久《げんきゅう》二年（一二〇五）、親鸞三十三歳の時には法然から許されて、『選択集』の書写や師の肖像の図画なども行っています。これはよほど嬉しい出来事であったようで、親鸞は「後序」に記しています。

この吉水時代にあったエピソードとして、「信行両座《しんぎょうりょうざ》」（信を往生の因とするのか、行を往生の因とするのかという問題）、「信心 諍論《じょうろん》」というエピソードが伝えられています。今はその中から「信心諍論」の問題を取りあげて見ることとします。これは『歎異鈔』の「後序」にも紹介されているものです。

ある時、親鸞が、居並ぶ法然の弟子を前にして、「善信（親鸞の房号）の信心も、師の法然聖人のご信心もひとつです」と、切り出したというのです。これを聞いた勢観房や念仏房などの弟子達は、「どうして師のご信心と善信房の信心とひとつであるということが出来ようか」と、反論するのです。

すると、親鸞は言います。「聖人の智慧や才覚とひとつであるということであるならば、ひがごとであるけれども、往生の信心においてはまったく異なることはなく、ただひとつなのです」と。

しかし、論争には決着がつかず、是非を定めようと法然のもとへ行き、ことの子細を告げると、法然は、

源空が信心も、如来よりたまわりたる信心なり。善信房の信心も如来よりたまわらせたまいたる信心なり。されば、ただひとつなり。別の信心にておわしまさんひとは、源空がまいらんずる浄土へは、よもまいらせたまいそうらわじ。

（『歎異鈔』後序）

と、語ったというのです。

これが「信心諍論」、あるいは「信心一異の論争」とも言われるエピソードです。「如来よりたまわりたる信心」という言葉に、法然、親鸞のあかした信心の本質がよく表されています。念仏の信心は私から起こしたり、私の思いを固めたりする信心ではなく、「如来よりたまわる信心」なのです。ですから「信心同一」と言えるのです。

親鸞という名告り

ところで、親鸞という名告りはいつ頃からのことであったのでしょう。これについて従来の多くは、越後流罪以降のことではないかと考えられていました。しかし近年では、吉水にいる時のことだという説が有力となっています。その根拠は『教行信証』の「後序」に記されている、次の文にあります。

また夢の告に依って、綽空《しゃっくう》の字を改めて、同じき日、御筆《ごひつ》をもって名の字を書かしめたまい畢《おは》りぬ。本師聖人、今年は七旬《じゅん》三の御年なり。

吉水に入室して、最初に法然から名告けられたのは「綽空《しゃっくう》」という名でした。「綽」は

『安楽集』を著した中国の道綽（五六二〜六四五）の綽にちなんだものであり、「空」は法然の諱《いみな》である源空の空の一字を取ったものであろうと考えられています。諱とは実名、いわゆる正式の名前という意味で、ちなみに法然は房号で、源空は諱です。親鸞は法然を讃える和讃を二十首作っていますが、すべて源空と言っています。

元久《げんきゅう》元年（一二〇四）の十一月に、比叡山から専修念仏者の振舞いに対して警告が出されますが、このとき法然は「沙門源空」と署名した「七箇条制誡」という起請文を、天台座主に提出しています。その起請文には法然の門弟、百九十名の署名がありますが、その中の八十七番目に「僧綽空」という名前が見えます。

それからしばらくたった元久二年の閏《うるう》七月下旬以後のことですが、親鸞は夢告を受けます。それが先に引いた「後序」の文です。これについては従来、「綽空」から「善信」と改名したものではないかと言われていました。しかし「善信」は房号であって、諱ではありません。

事実は、この夢告によって「綽空」から「親鸞」と改名し、それを法然が認め、自筆で親鸞と書いてくれたということなのです。そしてこれ以降、親鸞と名告ってゆくこととなります。

親鸞の「親」は、『浄土論』を書いたインドの天親（四〇〇〜四八〇頃）の親であり、鸞を取ったものです。「鸞」は、『浄土論』の註釈書である『浄土論註』を著した中国の曇鸞（四七六～五四二）の「鸞」を取ったものです。

「親鸞」と改名したところに、法然の教えに依りつつも、さらに教えを思想的に普遍化し、根元化してゆこうとする学びの姿勢が窺えます。

法然の教説は、自身が「善導一師に依る」と言っているように、善導の思想を中心としたものでした。

善導が浄土の教えに帰したのは、山西省《さんせいしょう》太原《たいげん》にある玄忠寺で浄土の法門を説く道綽に出遇ってのことです。道綽も善導も、共にその思想は『観経』を中心とするものでした。善導は『観経』を註釈した『観経疏』を著し、『観経』の眼目は「観仏」ではなく、「念仏」にあることを明らかにしています。この善導の主張は、「観仏」が『観経』の中心であるとしてきた従来の常識を根底から覆す（古今楷定《ここんかいじょう》）ものでした。これを継承して専修念仏の教えを唱説したのが法然であったのです。

善導から法然へと伝統されて確立した専修念仏の教えを、さらに天親、曇鸞の思想（『大無量寿経』を中心とする思想）にまでさかのぼって、根元的に明らかにしてゆこうとした、そこに親鸞と名告った動機があると言えるでしょう。

このような学びは、親鸞の教学の本質を形成してゆくこととなり、『大無量寿経』こそが「真実の教」であるという思想にまで根元化します。

それ、真実の教を顕さば、すなわち『大無量寿経』これなり。この経の大意は、弥陀、誓いを超発《ちょうほつ》して、広く法蔵を開きて、凡小《ぼんしょう》を哀れみて、選びて功徳の宝を施することをいたす。釈迦、世に出興《しゅっこう》して、道教を光闡《こうせん》して、群萌《ぐんもう》を拯《すく》い、恵むに真実の利をもってせんと欲《おぼ》してなり。ここをもって、如来の本願を説きて、経の宗致とす。すなわち、仏の名号をもって、経の体とするなり。

（『教行信証』教巻）

親鸞の思想は、流罪の地、越後での厳しい生活を通して鍛えられ、一層の深みを増してゆくこととなります。

さらに親鸞は越後流罪以降、「僧にあらず俗にあらず」（非僧非俗）として自身を位置づけ、愚禿親鸞と名告ってゆくのです。

越後流罪

親鸞にとって、法然のもとで過ごした吉水時代の六年間は充実した日々であり、その生涯において最も平安な時でありました。しかし、このような日々も長くは続かず、やがて専修念仏に対する弾圧という嵐が起こってきます。

ついに、承元元年（一二〇七）の正月二十日（実際は建永二年）、後鳥羽上皇から専修念仏の禁制という宣旨が出されます。この承元の法難によって、師の法然は藤井元彦《もとひこ》という名で四国へ、弟子の親鸞は藤井善信《よしざね》という名で越後へ流罪となり、二人は再び今生において相遇うことはありませんでした。

流罪となり京を離れた親鸞は北陸道を下り、途中からは親不知《おやしらず》の難所を避けるため、船で越後の国府（上越）へと向かうのです。やがて船は上越の居多ヶ浜《こたがはま》に着き、船を降りた親鸞はそこから越後の地を踏んでゆくこととなるのです。

遠く都を離れた越後の地。親鸞の目に越後の風土はどのように映ったのでしょう。また、この地における親鸞の生活はどのようなものであったのか、これについては、流人とはいえ、それほど厳しいものではなかったのではないかと言われたりもしています（松尾剛次氏『親鸞再考』など）。

それは、親鸞の叔父にあたる日野宗業《むねなり》が、流罪となった同じ年の正月十三日に越後権介《ごんのすけ》として任命されていたからだというのです。親鸞が越後の地を踏む二ヶ月ほど前のことです。権介は国司のひとりで、大きな権限を持ち、親鸞は流人とはいえ、その保護のもとにあったのではなかろうかと想像されるからです。

とはいえ、流人の生活は相当に厳しいものであったに違いありません。環境風土の厳しい越後の地、そこで懸命に生きる「いなかの人々」と接する中で、改めて親鸞は法然の「ただ念仏して」という仰せの意味を、自身に問いかけてゆきます。

これによって、念仏における観念的な理解は打破され、その領解《りょうげ》は人間の現実の奥深くへと根を張り、親鸞の思想は深みと豊かさを増してゆくのです。

妻の恵信尼

この雪深い越後の地で生活を共にしたのが妻の恵信尼《えしんに》です。ところで、親鸞が恵信尼と一緒になったのは、京都にいた頃からのことであったのか、それとも越後へ来てからなのか、いつの時のことであったのでしょう。現在では親鸞が法然の門弟として京都に居住していた頃、二人は知り合い、一緒になったのではないかという説が有力となっています。

恵信尼との結婚は、二十九歳の時に、六角堂で受けた「女犯偈」という夢告の具現化であり、それはまた師法然の教説した専修念仏における思想的実践であったとも言えるでしょう。

　妻となった恵信尼は親鸞の思想と行動を深く理解出来る人でした。『恵信尼文書』から充分に窺い知れるところです。それは恵信尼が京都の地で、親鸞と共に法然の教えを聞いていたからです。親鸞にとって妻の恵信尼は生活面においても、信仰上の思想的な面においても、支え理解してくれる良きパートナーであったと言えます。それは恵信尼にとっても同じことです。

　これに関して、『恵信尼文書』の第三通目に興味深いエピソードが記されています。それは親鸞と恵信尼が関東の常陸国（茨城県）下妻《しもつま》の坂井郷という地に滞在していた建保《けんぽ》三年（一二一五）の頃に、恵信尼の見た夢のことです。その夢とはおおよそ次のような内容のものでした。

　恵信尼は、どこかのお堂の堂供養の夢を見ます。お堂の前には鳥居のようなものがあり、そこに横にさし渡したものに仏の絵像が二体かけられています。一体はただ光ばかりの仏で、すがたははっきりとしません。もう一体はお顔のはっきりとした仏様でした。夢の中で、恵信尼は二体の仏について尋ねます。すると、どなたかわからないのですが、声があって、「あの光ばかりの仏は法然上人で、勢至菩薩でおわします」という答えが聞こえてきます。そこで、もう一体はと重ねて問うと、「あの仏は観音菩薩で、善信の御房ですよ」

と告げられるのです。
夢からさめた恵信尼は、夫の親鸞に法然上人が勢至菩薩であるという夢を見たことについて話します。すると親鸞は「夢にもいろいろあるけれども、それは実夢にちがいない。法然上人が勢至菩薩の化身であるという夢は多くの人が見ている。勢至菩薩は智慧をあらわし、また光の形としてもあらわれてくださる」と申されたというのです。

ただ恵信尼は、殿(親鸞)が観音菩薩であるという夢については語りませんでした。しかしそれ以来、殿のことを普通の方ではないと深く心得てきました。ですから、あなたもそのように心得て下さいと、京都にいる末娘の覚信尼に書き送っているのです。

その手紙の中で、恵信尼はさらに続けます。そんなわけで、殿のご臨終の様子がたとえどのようなものであったとしても、殿のご往生にはまったく疑いのないことを書き記すのです。

この『恵信尼文書』を読むとき、恵信尼がいかに念仏の教えを深く理解できていたかがわかります。恵信尼が夢で見た「ただ光ばかりの仏」とは、『教行信証』の「真仏土巻」の冒頭にある言葉と相応します。

謹んで真仏土を案ずれば、仏はすなわちこれ不可思議光如来なり、土はまたこれ無量光明土なり。

親鸞はここで、真の仏は色も形もない光ばかりの仏であり、真の仏土は限りない光明土の世界であることを明らかにしているのです。この親鸞の了解と、恵信尼の見た「ただ光ばかりの仏」とは相応するのです。恵信尼は真の仏、真の仏土について、深く認識していたと言えます。

また、臨終の様子がたとえどのような様子であっても、真の往生とは無関係なのだと覚信尼に伝える恵信尼の言葉は、人々が臨終正念、臨終来迎を真剣に祈った時代において、驚くべきことです。

このような内容で綴られている『恵信尼文書』の第三通、ここには敬愛と信頼関係で結ばれている親鸞と恵信尼の、夫婦生活の一端が描かれていて興味深いものがあります。恵信尼は誰よりも深く親鸞と、親鸞の思想を了解出来る希有な人であったと言うことが出来るでしょう。

赦免とその後

越後の風土は親鸞の思想に大きな影響を及ぼしています。そのひとつとして、親鸞には「難度海」、「無明海」、「衆生海」、「本願海」といったように、「海」という言葉が多いということです。日本海に面した越後国府の地、親鸞が海と接する機会はたびたびのことであったでしょう。

怒涛逆巻き荒れ狂う海、静かに青く広がる海、海にはいろいろな表情があります。その海を見ながら、人生や仏の世界について思索を深め、親鸞の思想は大きな広がりを見せてゆくのです。

ところで、親鸞の越後時代における弟子として『門侶交名牒《もんりょきょうみょうちょう》』（親鸞の門弟の名を列記したもの）に記されているのは、覚善ひとりだけです。この意味からすれば、親鸞の越後時代は、妻子と生活を共にしながらの、教法聞思《きょうぼうもんし》の日々であったと言えます。それが後の関東における布教伝道や『教行信証』の執筆などへと結実してゆくのです。

このような越後での生活も、すでに五年目を迎える頃、親鸞に流罪赦免の知らせが届きます。しかし、親鸞はなおしばらく、この地に止まるのです。その間に、師の法然が建暦二年（一二一二）の正月二十五日、この世を去ったという悲報が親鸞のもとへともたらされます。

師の悲報を聞いた親鸞は、深い悲しみの中で、「ただ念仏」に生きた師の生涯を憶い、改めて師の恩徳を身に深く受け止めていったことでしょう。

やがて、親鸞は越後の地を出発します。それから親鸞の足はどこへ向かったのでしょう。従来では、越後からすぐに関東へ向かったという説がほぼ定説に近いものとなっていました。これは親鸞の曾孫の覚如（一二七〇〜一三五一）の『親鸞聖人伝絵』に依拠してのものです。

しかし近年、この説に対して疑問が呈されるようになってきました。それは仏光寺の『親鸞聖人伝絵』や高田派専修寺に伝わる『親鸞聖人正明伝』などで示されている、親鸞は赦免後、一旦京都へ帰り、その後に関東へ向かったという一時帰洛説に基づいてのことです。

これに関して、松尾剛次氏の『親鸞再考』（ＮＨＫブックス）における記述が注目されます。その中で、松尾氏は越後から関東へ向かったという覚如の『伝絵』に依拠した説に疑問を投げかけ、当時の刑法上からすれば、一旦帰洛したと考えるほうが理に近いとして、次のように述べています。

しかし、よく考えてみると、通常は京都から配流されれば、赦免した場合は、朝廷の責任で京都へ送り返すものだ。日蓮にしても、鎌倉から伊豆や佐渡へ配流されたが、赦免後は使者が来て鎌倉へ連れ戻されている。
当時の刑法手続きから判断すれば、親鸞は赦免によって越後から帰京したのではないか、たとえどこかへ行くにしても、その前にいったんは帰京したはずだと考えられる。

（『親鸞再考』三一頁）

松尾氏の指摘するように、親鸞は赦免された後、一旦京都へ帰り、それからしばらくして関東へ向かったと考えるのが自然の理に近いのではないか。ちなみに仏光寺の『親鸞聖人伝絵』では、この辺の消息を、

聖人、越後の国の国府に五年の居諸《きょしょ》をへたまひて後、建暦二年正月二十一日に京都へかへりのぼりたまひて後、おなじき十月華洛をいでて東関におもむきたまひけり。

と、記しています。

帰洛した親鸞は、はじめに東山大谷にある法然の墓へ参り、また吉水教団の同朋と会い、法然の臨終の様子などを聞き、師を偲んだことでしょう。さらには、共に師から聞いた専

修念仏の教えを確かめ合い、改めて伝道の意を強くした親鸞は再び京都を離れ、新天地の関東へと向かってゆくのです。

しかし、ここで謎が残ります。この間、恵信尼はどうしていたのでしょう。親鸞と共に帰洛したのでしょうか。しかしこれはなかったようです。とすれば、恵信尼はひとり越後に残り、関東へ赴いた親鸞が、後に恵信尼を呼び寄せたとも考えられます。あるいはまた親鸞は京から越後へと回り、妻子を伴って関東に入ったのか、この辺の事状はまったくといってよいほど不明です。

『恵信尼文書』によって確かめられる事実は、建保《けんぽ》二年（一二一四）、親鸞四十二歳、恵信尼三十三歳の時に、二人は上野国《こうずけのくに》（群馬県）佐貫《さぬき》に居たということです。

『三部経』千部読誦

佐貫に滞在した建保二年の出来事として、『恵信尼文書』の第五通目に記されている事柄があります。それは親鸞が衆生利益のために、『三部経』の千部読誦を発願したが、四、五日たって、名号の他には、何事の不足にて、必ず経を読まんとするやと、思いかえして、経を読むことを止めたというのです。

しかし、この問題は親鸞の心の底に沈殿していた様子で、それから十七、八年ほど経過した寛喜《かんぎ》三年（一二三一、親鸞五十九歳）四月のことです。同月の四日の昼過ぎ頃から親鸞は発熱をし、やがて看病人も寄せつけないほどの重態となります。

発熱してから八日目の四月十一日の明け方、苦しそうな状態の中からも、「まはさてあらん」（本当はそうであろう）という言葉を親鸞は呟くのです。いぶかしく思った恵信尼が「譫言《うわごと》をもうされたのですか」と聞くと、親鸞は「譫言ではない。臥して二日目となる日から『大経』をひまなく読み、たまたま目を閉じれば、経の文字が一字も残らず、まぶしいくらいはっきりと見えてきた」というのです。

「さて、これはおかしなことだ、念仏の信心のほかに、何事か心にかけなければならないのであろうか。十七、八年ほど前にも同じようなことがあったが、人の執心《しゅうしん》、自力の心はよくよく気をつけなければならないと考え、経の読誦は止めてしまった」と、親鸞は恵信尼に語るのです。

親鸞の心のゆれ

建保二年もそうなのですが、寛喜二年から三年にかけて天候不順に見舞われ、全国的な規模で寛喜の大飢饉が起こっています。この飢饉によって餓死する人達が飛躍的に増大したといいます。

これに対し、幕府は飢民救済のためにいろいろと策を施しますが、ほとんど効果があがらなかったといいます。このため、幕府はついに、これまで厳しく取り締まってきた人身売買の禁を緩めたほどです。

このような惨状を目の当たりにして、「ただ念仏」だけで事足りるのかという心の中のゆれが親鸞に生じても不思議ではありません。おそらく餓死してゆく者の中には、親鸞の教えを聞いた人達も、多く含まれていたことでしょう。その人達のために何が出来るのかと自問自答し、せめても経典読誦を、と。それは親鸞のやるせない気持ちの表現であり、心のゆれです。

しかし、親鸞はこの心のゆれを「自力の執心」と知らされます。これによって念仏のほかに救いの道はないのだと、いよいよ「ただ念仏」に生きる人となってゆくのです。

この、親鸞の問題に触れる時、『歎異鈔』第四章の言葉が思い起こされます。今、その全文を引いて見ることとします。

慈悲に聖道・浄土のかわりめあり、聖道の慈悲というは、ものをあわれみ、かなしみ、はぐくむなり。しかれども、おもうがごとくたすけとぐること、きわめてありがたし。浄土の慈悲というは、念仏して、いそぎ仏になりて、大慈大悲心をもって、おもうがごとく衆生を利益するをいうべきなり。今生に、いかに、いとおし不便とおもうとも、存知のごとくたすけがたければ、この慈悲始終なし。しかれば、念仏もうすのみぞ、すえとおりたる大慈大悲心にてそうろうべきと云々。

この『歎異鈔』の言葉は、現実の悲しみや苦しみにぶつかった人に響く言葉です。いかに「ものをあわれみ、かなしみ、はぐくむ」としても、ひとりの人をたすけとげることは極めて難しいことです。その事実の前に私達は立ち尽くすほかはありません。その悲しみ、苦悩が深ければ深いほど、「しかれば、念仏もうすのみぞ、すえとおりたる大慈大悲心にてそうろうべき」という言葉が身に徹して響いてくるのです。

念仏の教えは、現実の問題を大切な機縁として聞き開かれてゆくものです。その意味で親鸞の心のゆらぎは貴重なものと言えるでしょう。

恵信尼は、この『三部経』千部読誦という親鸞に起こった出来事を大切なものとして手紙に記し、覚信尼に伝えているのです。ここに親鸞と生活を共にした恵信尼でなければ、描くことの出来ない親鸞像があります。

親鸞の門弟

親鸞が関東で、最初に所在が知れるのは建保二年、常陸国下妻の坂井郷においてです。この関東の地で、親鸞は六十歳過ぎまでの約二十年のあいだ滞在し、伝道の日々を送ることとなります。

関東には法然の門弟が多くいました。その代表的な人物として、武蔵国には津戸三郎為守、甘糟太郎忠綱、熊谷次郎直実、上野国には大胡《おおごの》太郎実秀、下野国には宇都宮弥三郎頼綱などがいます。これらの門弟によって、すでに関東には多少なりとも念仏の地盤が形成されていたと考えられます。

親鸞の関東移住の理由として、このようなことも要因のひとつとしてあげることが出来るかも知れません。あるいは、熊谷次郎直実と甘糟太郎忠綱はすでに亡くなっていますが、法然の門弟に招かれてのことであったとも考えられます。

関東における親鸞の足跡は、常陸（茨城）、下野（栃木）、上野（群馬）、武蔵（埼玉）、下総（千葉）など、広く関東一円に及んでいます。

親鸞の教えを聞いた門弟は武士を中心に、豪族、農民、商人と、多彩です。また、その数は『親鸞聖人門侶交名牒』や『二十四輩牒』、親鸞の消息などに記されている七十数名をはじめとして、かなりの数にのぼったと考えられます。

しかも、それらの門弟は、性信《しょうしん》を中心とする横曽根門徒（下総）、真仏を中心とする高田門徒（下野）、順信を中心とする鹿島門徒（常陸）、あるいは源海を中心とする荒木門徒（武蔵）といったように、有力な門弟を中心として各地域に道場を構え、それぞれに集団を形成し、親鸞の門弟の輪は大きな広がりを見せてゆくのです。

親鸞の消息に、

聖人の廿五日の御念仏も、詮ずるところは、かようの邪見のものをたすけん料にこそもうしあわせたまえ。

（『御消息集』第十三通）

とあるように、門弟は月一度、法然の命日に合わせて、親鸞の住む草庵や道場などに集まり、念仏の会座を開いていたようです。これを「廿五日の御念仏」と呼んでいました。

親鸞の門弟の中でも、特によく知られているのが明法房弁円《みょうほうぼうべんねん》です。修験者であった弁円は、親鸞の念仏の布教を快く思わず、親鸞を害しようと板敷山で待ち伏せしますが、どういうわけか、なかなか会うことが出来ません。業を煮やした弁円は親鸞の住む稲田の草庵に押しかけるのです。すると親鸞は何のためらいもなく、自然なすがたのままで弁円の前に現れます。そのすがたに触れて、害心がたちまちに止み、その場で弁円は親鸞の弟子となるのです。

親鸞はいかなる門弟に対しても、弁円と接すると同じ態度で臨みます。それは共に教えを聞く同朋としての態度でした。この様子を、弟子の唯円は『歎異鈔』第六章の中で、次のように伝えています。

専修念仏のともがらの、わが弟子ひとの弟子、という相論のそうろうらんこと、もってのほかの子細なり。親鸞は弟子一人《いちにん》ももたずそうろう。そのゆえは、わがはからいにて、ひとに念仏をもうさせそうらわばこそ、弟子にてもそうらわめ、ひとえに弥陀の御もよおしにあづかって念仏もうしそうろうひとを、わが弟子ともうすこと、きわめたる荒涼《こうりょう》のことなり。

この『歎異鈔』の文から知られるように、親鸞の門弟に対する態度は人師としてのそれではなく、共に念仏の教えを聞く「御同朋《おんどうぼう》・御同行《おんどうぎょう》」という地平に立つものでした。このような姿勢で説かれる教えは人々の心に響き、多くの念仏者が生み出されてゆくのです。

第三章　法然から親鸞へ

一、ただ念仏の伝統

親鸞は六十歳を越えた六十二、三歳の頃、約二十年のあいだ過ごした関東の地を後にして、京都へ帰ります。帰洛の理由は定かではありませんが、関東時代に手を染めていた畢生の大著『教行信証』の更なる完成を始めとした、執筆活動に専念するためではなかったかとも言われています。これについては後で少し触れることとします。

師の仰せ

親鸞は、法然と出遇うことが出来た京都の地で、改めて「ただ念仏して」という師の仰《おお》せの意味を明らかにしてゆくのです。それは「ただ念仏」に生きる者としての使命感であったと言えます。

これを考える時、すぐに浮かんでくるのが、次に紹介する『歎異鈔』第二章の文です。

おのおの十余か国のさかいをこえて、身命《しんみょう》をかえりみずして、たずねきたらしめたもう御《おん》こころざし、ひとえに往生極楽のみちをといきかんがためなり。しかるに念仏よりほかに往生のみちをも存知《ぞんち》し、また法文《ほうもん》等をもしりたるらんと、こころにくくおぼしめしておわしましてはんべらんは、おおきなるあやまりなり。もししからば、南《なん》都北嶺《とほくれい》にも、ゆゆしき学生《がくしょう》たちおおく座せられてそうろうなれば、かのひとにもあいたてまつりて、往生の要よくよくきかるべきなり。親鸞におきては、ただ念仏して、弥陀にたすけられまいらすべしと、よきひとのおおせをかぶりて、信ずるほかに別の子細《しさい》なきなり。念仏は、まことに浄土にうまるるたねにてやはんべるらん、また、地獄におつべき業にてやはんべるらん。総じてもって存知せざるなり。たとい、法然聖人にすかされまいらせて、念仏して地獄におちたりとも、さらに後悔《こうかい》すべからずそうろう。そのゆえは、自余《じよ》の行もはげみて、仏になるべかりける身が、念仏をもうして、地獄にもおちてそうらわばこそ、すかされたてまつりて、という後悔もそうらわめ。いずれの行もおよびがたき身なれば、とても地獄は一定《いちじょう》すみかぞかし。弥陀の本願まことにおわしまさば、釈尊の説教、虚言《きょごん》なるべからず。仏説まことにおわしまさば、善導の御釈《おんしゃく》、虚言したまうべからず。善導の御釈まことならば、法然のおおせそらごとならんや。法然のおおせまことならば、親鸞がもうすむね、またもって、むなしかるべからずそうろうか。詮ずるところ、愚身《ぐしん》の信心におきてはかくのごとし。このうえは、念仏をとりて信じたてまつらんとも、またすてんとも、面々《めんめん》の御《おん》はからいなりと云々。

少し長いですが、これが『歎異鈔』第二章の全文です。臨場感のあふれる名文と言えます。親鸞と関東の門弟とが対座する場面が眼前に浮んでくるようです。

親鸞の晩年、八十四、五歳頃のこと、関東から門弟の幾人かが親鸞のもとを訪ねてくるのです。それはどのくらいの日数をかけてのことだったのでしょう。親鸞の書いた消息には、

四月七日の御ふみ、五月廿六日たしかにみ候いぬ。

というように、何日付きの手紙、何日に読みましたと書かれているのがあります。それか

ら想像すると、四十日程はかかったと考えられます。関東の門弟は大変な日数をかけて京にいる親鸞のもとを訪ねてきたのです。

「おのおの十余か国のさかいをこえて」で始まる『歎異鈔』第二章の内容は、関東からいのちがけで訪ねてきた門弟を前にして、親鸞が告白するかのように語った言葉を書き記したものです。当然、『歎異鈔』の著者である常陸河和田《かわだ》の唯円（水戸市、報仏寺の開基）も、その場に居たはずです。でなければ、このような文章は書けません。

唯円は、親鸞の晩年の弟子で、親鸞が九十歳で亡くなった時、四十一歳であったといいます。唯円は六十八歳まで生きますが、『歎異鈔』を書いたのは晩年の六十六、七歳の頃かと思われます。

「露命《ろめい》わずかに枯草《こそう》の身」となった唯円が、耳の底に残って、今も忘れることの出来ない師・親鸞の言葉を記した、これが「師訓編《しくん》」と言われる『歎異鈔』の第一章から第十章の文です。特にその中でも、はるばる関東から訪ねてきた門弟に対して語り出された親鸞の一言一句は、唯円にとって最も感動的な言葉であったでしょう。その言葉は唯円の全身を貫き通したのです。

親鸞は、語りかけます。

おのおの十余か国のさかいをこえて、身命をかえりみずして、たずねきたらしめたまう御こころざし、ひとえに往生極楽のみちをといきかんがためなり。

ここで親鸞は、あなた方がはるばる関東からいのちがけで訪ねてこられたのは、ひとえに往生極楽の道を問い聞くところにあるのですと、断言するかのように門弟に語りかけています。その往生極楽の道について、さらに親鸞は次のように続けるのです。

親鸞におきては、ただ念仏して、弥陀にたすけられまいらすべしと、よきひとのおおせをかぶりて、信ずるほかに別の子細なきなり。

と。この言葉に、親鸞の生涯において立ち続けた原点があります。原点とは言うまでもなく、「ただ念仏して」というよき人・法然の仰せです。親鸞は生涯、この法然の仰せに生きたのです。

ただ念仏して

「ただ念仏して」の「ただ」を漢字で表記すれば「唯」という字になります。この「唯」について、親鸞は『唯信鈔文意』の冒頭で、次のようにあかします。

「唯」は、ただこのことひとつという。ふたつならぶことをきらうことばなり。また「唯」は、ひとりというこころなり。

この文によって明らかなように、「ただ」はあれも、これもではない、私にとってこのことひとつだという非常にラジカルな言葉です。親鸞はこの「ただ（唯）」という言葉をしばしば使います。

たとえば、『歎異鈔』第一章において「ただ信心を要とすとしるべし」と表現されています。また『正信偈』には、「正定之因唯信心」（正定の因はただ信心なり）、「唯明浄土可通入」（ただ浄土の通入すべきことを明かす）、「唯可信斯高僧説」（ただこの高僧の説を信ずべし）というように出てきます。

親鸞は法然と出遇い、法然の説く「ただ念仏して」という「仰せ」に射抜かれ、感動したのです。親鸞の回心です。これが親鸞の思想の原点となり、生涯の歩みの原点となります。

関東から訪ねてきた門弟に、親鸞は告白するかのように、「ただ念仏して弥陀にたすけられよ」という、よきひと法然の仰せの外に何ものもないのです。これが私のすべてですと語るのです。その場にいた唯円も、師である親鸞の仰せに感動し、「ただ念仏」に生きる者となるのです。

善鸞の異義

ところで、『歎異鈔』の第二章に示される、関東の門弟が親鸞のもとを訪ねた事情として、以前から二つの事柄があげられています。一つは日蓮（一二二二―一二八二）の「四箇《しか》格言《かくげん》」の影響です。日蓮は建長《けんちょう》五年（一二五三）の四月に法華宗を唱説し、文応元年（一二六〇）には『立正安国論』を著します。日蓮は「念仏無間《むけん》、禅天魔、真言亡国、律国賊」という「四箇格言」を主張して、他宗を批判します。中でも、「念仏する者は無間地獄に落ちる」として、法然の専修念仏の教えを激しく攻撃するのです。

このような事情もあって、関東の門弟が親鸞のもとを訪ねたのではないかというのです。『歎異鈔』の第二章には「地獄」という言葉が四回出てきますが、そういう事情があってのことだとも考えられます。

もう一つの事情としてあげられるのは親鸞の実子である善鸞の異義の問題です。親鸞が関東を去ってしばらくすると、関東の門弟の中で、信心の問題について意見の違いが表面化してきます。それで親鸞は自分の代わりに善鸞を関東へ派遣するのです。

ところが、その結果は火に油を注ぐものとなります。善鸞は「夜、密かに父の親鸞から、このような法門を聞きました。今まであなた方の聞いていた念仏の教えは誤りです」と主張して、門弟を惑わせます。善鸞の説いた内容は「念仏を信ずる人は悪を止めるよう努力しなければならない。努力しない者は信心の人ではない」というところにあったようです。

これは説得力を持つ言説です。多くの人が惑わされても不思議ではありません。ましてや親鸞の子・善鸞の言説ですから、なおさらのことです。しかし親鸞のあかす念仏の教えとは明らかに違います。

『歎異鈔』の後半の第十一章から第十八章までは、「上人のおおせにあらざる異義どもを」指摘する「歎異編《たんに》」と言われるところです。その異義として、大きく観念派と律法派という二つの流れのあることが示されています。善鸞の異義はその中の律法派的なものであったと言えるでしょう。この異義は明らかに「弥陀の本願には老少善悪のひとをえらばれず」という弥陀の本願を疑うところから生ずるものです。『歎異鈔』の第十三章には、親鸞の言として、次のような言葉が記されています。

「持戒持律にてのみ本願を信ずべくは、われらいかでか生死をはなるべきや」と。かかるあさましき身も、本願にあいたてまつりてこそ、げにほこられそうらえ。さればとて、身にそなえざらん悪業は、よもつくられそうらわじものを。また、「うみかわに、あみをひき、つりをして、世をわたるものも、野やまに、ししをかり、いのちをつぐともがらも、あきないをもし、田畠《でんぱく》をつくりてすぐるひとも、ただおなじことなり」と。「さるべき業縁のもよおせば、いかなるふるまいをもすべし」とこそ、聖人はおおせそうらいしに、当時は後世者《ごせしゃ》ぶりして、よからんものばかり念仏もうすべきように、あるいは道場にはりぶみをして、なむなむのことをしたるものをば道場へいるべからず、なんどということ、ひとえに賢善精進《けんぜんしょうじん》の相をほかにしめして、うちには虚仮《こけ》をいだけるものか。

これは律法化の異義（専修賢善計《せんじゅけんぜんけい》）に対しての批判です。律法化の異義は「廃悪修善《はいあくしゅぜん》」（悪を廃し善を修する）という人間の持つ道徳観によって、弥陀の本願の世界を矮小化するところにあります。

親鸞は善鸞の言説に惑わされる人を、「信心みならうかれおうておわしましそうろう」とし、また「ひとびとの信心のまことならぬことのあらわれてそうろう」として、深く悲しむのです。
このような、善鸞の異義という問題もあって、疑問を感じた関東の門弟が念仏の真意を聞きたいと、はるばる親鸞のもとを訪ねたのであろうというのが第二の事情として示される事柄です。

夢告讃

老境の親鸞にとって、善鸞の異義の問題は身の切られるような悲痛な出来事であったでしょう。しかし、実状を知った親鸞は善鸞を義絶します。建長八年（一二五六）五月二十九日、八十四歳の時のことです。

いまは、おやということあるべからず、ことおもうことおもいきりたり。三宝・神明にもうしきりおわりぬ。かなしきことなり。

という言葉の記されている「義絶状」が残されています。これは親鸞が善鸞に宛てたものです。なお、現在残されている「義絶状」は親鸞の真筆ではなく、高田の顕智が書写したものです。

実子・善鸞の義絶という悲痛な出来事を通して、改めて親鸞は、本願念仏の教法の前に自分の身を据《す》えてゆくのです。

翌年、康元《こうげん》二年の二月九日の明け方近くの寅時《とらのとき》、親鸞は夢を見ます。その夢を通して、『夢告讃《むごうさん》』と称される、次のような和讃を感得します。

弥陀の本願信ずべし
　本願信ずるひとはみな
　摂取不捨の利益にて
　無上覚をばさとるなり

親鸞はこの和讃を感得して、

この和讃を、ゆめにおおせをかぶりて、うれしさにかきつけまいらせたるなり。

と、記しています。

善鸞を義絶し、苦悩する親鸞、その親鸞に「弥陀の本願信ずべし…」という言葉が、勅命という重みをもって響いたのです。これは親鸞にとって大きな出来事でした。悲しみが喜びとなり、苦悩が感動へと転じたのです。

ところで、親鸞の書いたものには、常に悲しみと喜びが表現されています。悲しみが喜びとなり、喜びが悲しみとなって、悲しみがまた喜びと転じてゆく、悲喜の交響楽とも形容される由縁です。

親鸞は「夢告讃」を感得し、苦悩する衆生の救いを誓う弥陀の本願に拠って現実を受け止め、立ちあがってゆくのです。

「ただ念仏」の伝統に生きる

親鸞は、康元元年の冬の頃から康元二年の春の頃にかけて、『西方《さいほう》指《し》南抄《なんしょう》』を著しています。この年は善鸞を義絶し、「夢告讃」を感得した年に当たっています。『西方指南抄』は上・中・下、上・中・下のそれぞれが本と末に分かれていて、都合六冊から成り立つもので、法然の説法、事蹟、書簡等を集め、集大成したものです。

このことから、親鸞は善鸞の問題を通して、改めて法然の教えをいただきなおされたことが分かります。と同時に、『西方指南抄』を著すことは、よき人・法然と出遇うことが出来た意味の大きさを自身に確認してゆく作業であったと言えます。さらにそれは、師の教えと事蹟を顕彰し、後世に伝え残したいという願いから為されたものであったとも言えるでしょう。

このように、親鸞は終生、法然の「ただ念仏して」という仰せの伝統に生き切るのです。

二、『教行信証』の撰述

親鸞は法然を「真宗興隆の祖」として敬い、自身を法然の弟子と位置づけ、師に対する謝念と、弟子としての使命感の中で、その生涯をまっとうします。

その使命感とは、法然の唱説した専修念仏の仏道こそが、すべての人が共に救われ、歩むことの出来る大乗の仏道であることを明らかにすることです。この課題を荷って親鸞は『教行信証』を著してゆくのです。

撰述の事由

『教行信証』は親鸞の関東在住の時代に起稿され、親鸞は六十歳を越えて帰洛しますが、それまでの間に草稿本的なものが一応の完成を見たと考えられています。しかし、帰洛後も推敲が重ねられ、それは八十歳過ぎのかなり晩年にまで及んでいます。『教行信証』はまさに親鸞畢生の大著であると言うことが出来ます。

では、親鸞が『教行信証』を書かねばならなかった事由はどこにあったのでしょう。これを考える時に、たびたび繰り返された、法然の専修念仏に対する弾圧という問題が大きな関わりを持ってきます。

最初が元久の法難です。元久元年（一二〇四）十月、比叡山の衆徒が天台座主の真性（後白河院の孫）に専修念仏停止の訴えを起こし、比叡山から専修念仏者の振舞いに対しての警告が出されます。法然はすぐさま、門弟を戒める「七箇条制誡」という起請文をしたため、「沙門源空」の名で座主の真性に提出します。

「七箇条制誡」の内容は、「普く予が門人と号する念仏の上人等に告ぐ」として、おおよそ次のようなものでした。

一、一句の文意も理解しないで、真言止観を破し、余の仏・菩薩を謗ってはならない事。

二、無智な身をもって、有智な人や別の仏道にはげむ人に好んで論争してはならない事。

三、別の仏道にはげむ人に対し、愚痴偏執の心をもって、その修行を止めさせたり嘲笑してはならない事。

四、念仏門においては戒行なしと号して、もっぱら婬・酒・食肉を勧め、たまたま律義を守る者があると雑行と名づけ、弥陀の本願には造悪も許されるなどと言ってはならない事。

五、教えの是非もわからずに、聖教を離れ、師の説に背いて、根拠もない私義を述べ、論争してはならない事。

六、愚鈍の身をもって、唱導を好み、正法を知らずに種々の邪法を説き、無智の道俗を教化してはならない事。

七、仏教に非ざる邪法を説いて、偽って師匠の説だと号してはならない事。

この「七箇条制誡」の起請文には、法然の門弟一九〇名の署名があり、親鸞は八十七番目に「僧綽空」と署名しています。起請文を提出することによって、この時はなんとか難を免れるのです。

しかし、その翌年の九月、南都の興福寺から「興福寺奏状」が出され、専修念仏の禁制と、法然の処罪を朝廷に強く要請するという事態が起こります。「興福寺奏状」は興福寺の学僧・解脱房貞慶《じょうけい》（一一五五―一二一三）によってしたためられたものです。貞慶は、保元の乱の中心人物のひとりであり、博学をもって知られた藤原通《みち》憲《のり》（信西）の孫に当たります。貞慶は「興福寺奏状」の中で、法然の説く専修念仏には九箇条の失があるとして、厳しく批判するのです。

九箇条の失の事

第一、新宗を立つる失
第二、新像を図する失
第三、釈尊を軽んずる失
第四、万善を妨ぐる失
第五、霊神に背く失
第六、浄土に暗き失
第七、念仏を誤る失
第八、釈衆を損ずる失
第九、国土を乱る失

（岩波『日本思想大系』15）

「興福寺奏状」には、専修念仏の第一の失として、朝廷から勅許されていないという「新宗を立つる失」があげられています。このことから分かるように、専修念仏に対する貞慶の批判は、国家や朝廷といった世俗の権威を基とした批判であったと言えます。これは後に明恵が『摧邪輪』を著し、法然を思想的に厳しく批判するのと、色彩を異にしたものです。

承元の法難

このように、興福寺から朝廷へ、専修念仏に対する禁制の要請が強く出されます。朝廷は最初、禁制の裁断をくだすに慎重であったようです。ところが、「興福寺奏状」の出された翌年（建永元年・一二〇六）の十二月、住蓮、安楽の事件が起こります。

事件とは、後鳥羽上皇の熊野詣の留守中に、上皇の寵愛する女官二人が東山の鹿ケ谷《ししがたに》の草庵で営まれた別時《べつじ》念仏の法会《ほうえ》に参加し、住蓮、安楽の導きによって出家したという問題です。

熊野から帰り、これを知って激怒した上皇は、承元元年（建永二年、一二〇七）二月、念仏停止《ちょうじ》の宣旨をくだします。師の法然七十五歳、親鸞三十五歳の時のことです。

これによって、法然、親鸞をはじめとして八名が遠流《おんる》（流罪の中でも、最も重いもの）となります。法然、親鸞らは僧籍を剥奪され、法然は藤井元彦の名で土佐（実際は讃岐の塩飽《しわく》島《じま》）、親鸞は藤井善信の名で越後の国府へと流罪となるのです。

また、住蓮、安楽など四名が死罪に処せられます。この四名に対する処刑は、これ以上の極刑はないという斬首の方法によるものでした。これが承元の法難です。

承元の法難は、鹿ケ谷で起こった二人の女官の出家という事柄をスキャンダラスにとらえて問題視したように、法然の門弟の行動や風儀の問題にことよせて専修念仏を弾圧したものです。

この承元の法難について、親鸞は『教行信証』の「後序」において克明に記し、「主上臣下、法に背き義に違し…」と、専修念仏に対する弾圧は仏法の道理に違背した、まったく不当なるものであると、厳しく批判してゆきます。

繰り返される弾圧

この承元の法難から五年後の建暦二年（一二一二）正月二十五日、法然は「ただ念仏に生きた八十年の生涯を終えます。その年の九月に、法然が生前、「読んだ後は壁の底に埋めよ」と言い残していた『選択集』が、弟子の隆寛らの手によって開版されます。

すると、法然が案じていたように、『選択集』に顕された法然の思想に対して、旧仏教の側から多くの批判の矢が放たれるのです。その代表格が栂尾の明恵でした。また比叡山からも定照の『弾選択』といった論書が出され、これに対して隆寛が『顕選択』を著します。この中で隆寛は、『選択集』を指弾した定照の説を批判して「闇夜の礫《つぶて》のごとし」と評します。

『選択集』が開版され、隆寛の定照に対する批判などが引き金となって、元仁元年（一二二四、親鸞五十二歳）には、比叡山から専修念仏の禁止と、法然の門弟に対する処罰の要請が朝廷に出されます。これによって再び専修念仏は禁制されることとなるのです。

いみじくも、元仁元年は、親鸞が『教行信証』の「化身土巻」において、今はすでに末法に入っていると、仏滅の年時を算定する基点とした年です。すでに親鸞は『教行信証』の執筆を始めているのです。また、元仁元年は法然の十三回忌にも当たっています。

それから三年後の、嘉禄三年（一二二七）に嘉禄《かろく》の法難が起こります。この年の六月、比叡山の衆徒が東山大谷にあった法然の墳墓を破却して、法然の遺骸を鴨川に捨てようと謀《はか》るのです。これを事前に知った門弟が、比叡山衆徒の襲来する前夜に、遺骸をひそかに嵯峨に移し、かろうじて難は免れます。

その後、遺骸は翌年、法然の十七回忌に当たる安貞《あんてい》二年一月、門弟らの手によって西山の粟生の地に運ばれ、荼毘《だび》に付されることとなります。今の光明寺の辺です。

さらに、法然の遺骸をはずかしめることに失敗した比叡山の衆徒は『選択集』の版木を押収し、焼き捨てるという暴挙に出ます。このような行動は、法然の存在も、法然の教えの痕跡も、すべて消し去ろうとする企てであったと言えるでしょう。

比叡山の衆徒の強訴によって、嘉禄三年七月、またも専修念仏が禁制されます。この嘉禄の法難では、法然門下の高弟であった隆寛ら三名が流罪となるのです。

隆寛（一一四八―一二二七）は親鸞の尊敬する先輩で、『一念多念分別事』、『自力他力事』、『後世物語』などの書を著しています。親鸞はたびたび門弟に、聖覚（一一六七―一二三五）の『唯信鈔』と並んで、隆寛の書を読むことを勧めています。

隆寛が法然の言に違背するようなかたちで『選択集』の開版に踏切ったのは師の教えを公にし、伝え残したいという弟子として使命感であったと言えます。流罪となった隆寛の配所は奥州と定められ、嘉禄三年七月、京都を出発します。その途中、隆寛に帰依した西阿の取りはからいで、隆寛は西阿の住所である相模の飯山に留まり、その地で同年の十二月、八十歳で亡くなるのです。

さらに、洛中では無差別に念仏者が捕えられ、その草庵が破壊されてゆくという事態さえ起こります。

このように、法然の教えも、人も抹殺されようとする嘉禄の法難の現実。この時、親鸞は五十五歳、関東にいて『教行信証』の執筆中です。これらの事態や消息を伝え聞いて、親鸞の心は悲しみと怒りに満ちたことでしょう。いよいよ師の教えを明らかにしなければならないと、『教行信証』の執筆に一層の情熱を傾けてゆくのです。

親鸞の批判

たびたび繰り返される専修念仏への弾圧。親鸞はこの弾圧が仏教の本来性から外れた、いかに不当なものであるかを、「後序」において、力を込めて、次のように記します。

竊《ひそ》かに以《おも》みれば、聖道の諸教は行証《ぎょうしょう》久しく廃《すた》れ、浄土の真宗は証道いま盛なり。然《しか》るに諸寺の釈門《しゃくもん》、教に昏《くら》くして真仮《しんけ》の門戸《もんこ》を知らず、洛都の儒林《じゅりん》、行に迷《まど》うて邪正《じゃしょう》の道路を弁《わきま》うることなし。ここをもって興福寺の学徒、（略）聖暦・承元丁《ひのと》の卯《う》の歳、仲春上旬の候に奏達《そうたつ》す。

ここで、親鸞は比叡山の延暦寺や南都の興福寺などに対し、それらの諸寺は仏道の本質も、仏教の真実がどこにあるかも、まったく知らないと批判します。また国を司る人達も、正邪の道理を見失っているのだと言うのです。だからこそ「興福寺奏状」などが出され、専修念仏に対する弾圧が行われるのだと主張するのです。

さらに、親鸞は、

主上臣下、法に背き義に違し、忿《いかり》を成《な》し怨《うらみ》を結ぶ。これに因って、真宗興隆の大祖《たいそ》源空法師、ならびに門徒数輩《すはい》、罪科を考えず、猥《みだ》りがわしく死罪に坐《つみ》す。あるいは僧儀を改めて姓名《しょうみょう》を賜うて、遠流《おんる》に処す。予はその一なり。しかればすでに僧にあらず俗にあらず。この故に「禿《とく》」の字をもって姓とす。空師ならびに弟子等《ら》、諸方の辺州に坐して五年の居諸《きょしょ》を経たりき。

と続け、承元の法難に触れて、それはまったく法の道理に違背することだと、弾圧を加えた為政者を厳しく批判してゆくのです。

このように、たび重なる弾圧や『選択集』への批判という事態を踏まえて、親鸞は『教行信証』を書き進めることを決意します。それはひとえに法然の唱説した専修念仏の真の精神を明らかにするためでした。師法然の教えを受け、『選択集』の書写を許された親鸞にとっては当然のことであったと言えます。

三、親鸞の思想

親鸞は『教行信証』を著し、法然の説いた専修念仏の教えを普遍化し、根元化してゆきます。

では、『教行信証』などの書物から見える親鸞の思想の本質はどのようなところにあったのでしょう。これについて、「回向《えこう》」、「菩提心《ぼだいしん》」、「往生《おうじょう》」という三つの問題にしぼって考えて見ることとします。

(一) 回向

『教行信証』の「教巻」の冒頭に

謹《つつし》んで浄土真宗を案ずるに、二種の回向あり。一つには往相《おうそう》、二つには還相《げんそう》なり。往相の回向について、真実の教行信証あり。それ真実の教を顕さば、すなわち『大無量寿経』これなり。

とあるように、「回向」は『教行信証』全体を貫く大切な言葉です。親鸞の教学は「回向の教学」であると言ってもよいほどで、『教行信証』は回向を主軸として展開するのです。

不回向

法然は回向について「不回向」という表現をします。不回向は無回向ではありません。まったく人間の側からの回向を必要としないという意味です。すべての人間が平等に救われてゆく道は阿弥陀仏によって選択された行である称名念仏以外にはなく、他の手だては不用であるという意味あいから、法然は「不回向」と言ったのです。

如来回向

親鸞は「不回向」という法然の言葉の意を根元的に一歩進めて、「如来回向」、「本願力回向」、「他力回向」といった表現をしてゆきます。これは「不回向」という言葉の持つ本質を積極的に表現したものです。なぜ、人間の側からの回向を必要としないのか、それはすでに如来からの回向があるからなのだと、親鸞はあかすのです。

回向は「施す」、「差し向ける」、「恵む」といった意味を持つ言葉で、自と他との関係を結ぶ大切な概念です。この回向の問題について思索を深めた親鸞は、

しかるに微塵界《みじんかい》の有情《うじょう》、煩悩海に流転し、生死海に漂没《ひょうもつ》して、真実の回向心なし、清浄の回向心なし。

（「信巻」欲生心釈）

と述べ、人間には真実の回向心のないことを明らかにします。なぜなら人間の回向心にはかならず、見返りを望むような利己心（自力の執心）が付着するからです。

しかし、真実は如来のはたらき、具体的には本願、念仏の行となって、すでに人間に施され、恵まれ、差し向けられ、至り届いているのです。これが「如来回向」、「本願力回向」、「他力回向」と表現される言葉の意味です。

親鸞はこの意を、八十五歳の時に著した『一念多念文意』の中で、次のように表現しています。

「至心回向」というは、「至心」は、真実ということばなり。真実は阿弥陀如来の御こころなり。「回向」は、本願の名号《みょうごう》をもって十方の衆生にあたえたもう御《み》のりなり。

真実は本願名号のはたらきとなって、今ここに、私一人《いちにん》のうえに現前し、成就しているのです。如来回向のはたらきかけの中に私はあるのです。私が如来を求めるのではなく、すでに私は如来から求められている存在なのです。この事実に目覚める（信心）時、その人のうえに大きな救いの世界が開かれてきます。

念仏の救い

ところで、臨床心理士の諸富祥彦氏は著書の『生きていくこの意味』の中で、「いのちの働き」に触れ、次のように述べています。

私はそれまで、自分がどう生きるべきかと悩むのに忙しくて、それに気づかずにきたけれど、この働きは実は、ずっと前から常に既に与えられており、私を生かし、私をあらしめ、私を成り立たしめてきた。つまりこの何かこそ、私の真実の主体。この何かの働きによって、私は立っていられる。この〝いのちの働き〟こそ私の真実の主体であり、むしろ〝この私〟は、〝いのちの働きがとった一つの形〟にすぎない、ということ。

これは、オーストリアの精神科医で、ナチスのアウシュヴィッツ強制収容所に収容された体験を持つフランクルの、どんな時も、人生には、意味がある。
なすべきこと、満たすべき意味が与えられている。
この人生のどこかに、あなたを必要とする何かがあり、
あなたを必要とする誰かがいる。
そしてその何かや誰かは、
あなたに発見されるのを待っている

という言葉に導かれて、気付くこととの出来た世界を述べたものです。この諸富氏の気付かされた世界と、如来回向の世界とは呼応し、響き合っています。

念仏の救いは無条件の救いです。人間の相対的な善悪や資質、能力の差異など、なんら問題としない、根元的にすべての人のうえに平等に開かれてある救いなのです。

それは、念仏が一切の人々を摂取するという阿弥陀仏の大悲心より現れ出た行だからです。親鸞はこの意を「行巻」の初めに、

しかるにこの行は、大悲の願より出でたり。

と、表現しています。

『歎異鈔』の第一章には、念仏の救いの世界を、親鸞の言葉として次のように伝えています。

弥陀の誓願不思議にたすけられまいらせて、往生をばとぐるなりと信じて念仏もうさんとおもいたつこころのおこるとき、すなわち摂取不捨の利益にあずけしめたまうなり。弥陀の本願には老少善悪のひとをえらばれず。ただ信心を要とすと知るべし。そのゆえは、罪悪深重《ざいあくじんじゅう》煩悩熾盛《しじょう》の衆生をたすけんがための願にてまします。しかれば本願を信ぜんには、他の善も要にあらず、念仏にまさるべき善なきゆえに、悪をもおそるべからず、弥陀の本願をさまたぐるほどの悪なきがゆえにと。

また、「行巻」には、

明らかに知りぬ、これ凡聖《ぼんしょう》自力の行にあらず。かるが故に不回向の行と名づくるなり。大小の聖人・重軽《じゅうきょう》の悪人、みな同じく斉しく選択の大宝海に帰して、念仏成仏すべし。

と、あります。

念仏の救いは、すでにひとり一人のうえに開かれているのです。私に与えられた課題は、この念仏の世界に気付き、目覚めることだけなのです。それを解く鍵は聞法するというところにあります。

親鸞が、東山の吉水で「ただ念仏」の教えを説く法然のもとへと通い、降る日も、照る日も、百日のあいだ聞法したのも、この事実を表しています。

往相と還相

ところで、先にも招介した「教巻」の冒頭の文に

謹んで浄土真宗を案ずるに、二種の回向あり。一つには往相、二つには還相なり。往相の回向について、真実の教行信証あり。

と、あるように、親鸞は「回向」について、往相《おうそう》と還相《げんそう》の二種の回向ということを明らか

にしています。これは中国の曇鸞の著した『浄土論証』に大きな示唆を得てのことです。二種の回向とは、決して往相と還相が別々の事柄としてあるということではありません。回向という一つの事柄のうえに、往相と還相の二相があるということなのです。回向の持つ二面性とも言えるでしょう。

「往相回向」とは『往生浄土の相』のことで、衆生が浄土に生まれ、仏と成ってゆく相を顕します。これは衆生が念仏の教えと出遇い、阿弥陀仏の本願に目覚めることによって実現してきます。

これに対し、「還相回向」は「還来穢国《げんらいえこく》の相」のことで、浄土に生まれてゆくことは、それはそのまま穢国である現実の世界へと還ってくることを明らかにするものです。

親鸞は還相回向について、次のように述べています。

二つに還相の回向と言うは、すなわちこれ利他教化地《りたきょうけじ》の益《やく》なり。すなわちこれ「必《ひっ》至補処《しふしょ》の願」より出でたり。また「一生補処の願」と名づく。また「還相回向の願」と名づくべきなり。

（「証巻」）

ここに、「必至補処」、「一生補処」とある「補処」とは、仏と成る一歩前の等覚《とうがく》の位を表します。浄土に生まれてゆく衆生は必ず「補処」の位に至る（必至補処）というのです。親鸞は、この「補処」というところに、積極的意義を見出してゆきます。「補処」に至る、ここに迷える衆生を教化する、還相のはたらきを見たのです。

衆生を利他教化することは、根元的には仏によって為されるものです。しかし「補処」に住する菩薩には、利他教化という仏の仕事を補佐する役務が与えられてくるというのです。それは浄土に生まれてゆく者に、おのずと開かれる利益と言えます。

利他教化は、人間の意図的、作為的な努力によって為されるものではありません。とは言っても、意図的、作為的であることを全否定することは出来ません。しかし、人間の意図を中心として為される教化には、かならず「私が教化した」という囚われが生まれます。これによって「わが弟子、ひとの弟子」という争いが生じたりするのです。この様子を、『歎異鈔』の第六章では、次のように伝えています。

専修念仏のともがらの、わが弟子ひとの弟子、という相論のそうろうらんこと、もってのほかの子細なり。親鸞は弟子一人《いちにん》ももたずそうろう。そのゆえは、わがはからひにて、ひとに念仏をもうさせそうらわばこそ、弟子にてもそうらわめ。ひとえに弥陀の御もよおしにあずかって、念仏もうしそうろうひとを、わが弟子ともうすこと、きわめたる荒涼のことなり。つくべき縁あればともない、はなるべき縁あれば、はなるることのあるをも、師をそむきて、ひとにつれて念仏すれば、往生すべからざるものなりなんどいうこと、不可説なり。如来よりたまわりたる信心を、わがものがおに、とりかえさんともうすにや。かえすがえすもあるべからざることなり。自然のことわりにあいかなわば、仏恩をもしり、また師の恩をもしるべきなりと云々

「わが弟子、ひとの弟子」という囚われは、人間の作為的な教化によって生ずるものです。親鸞はこれを「不可説」として厳しく批判します。念仏者は「弥陀の御もよおし」にあずかって生まれてくるのです。ですから親鸞は「弟子一人ももたず」と言います。

念仏の教えを自身に深くいただき、「弟子一人ももたず」というすがたに、自然《じねん》に人は教化されるのです。還相回向が「利他教化地の益」として示されるのは、この意味からであると言えるでしょう。

これを、法然と親鸞の出遇いを通して見るとよくわかります。法然は「ただ念仏」に生きる人（往相）でした。その法然と、親鸞は二十九歳の時に出遇い、親鸞もまた「ただ念仏」に生きる人となります。その時、親鸞の眼には法然が浄土から来た還相の菩薩と見え

たことでしょう。

還相回向のはたらきがなければ、浄土に生まれる衆生は誕生しません。同時に、浄土に生まれるという往相の道を歩む人は、かならず還相のはたらきを持つ菩薩として誕生するのです。往相回向と還相回向とは、常に円環的に連関しているのです。

これが、衆生のうえに現実となって現れる回向の二相、二面性ということです。しかも、この往相、還相の二種の回向は如来の本願力のはたらき、本願力回向を根拠として、はじめて成り立つものなのです。

親鸞は『如来二種回向文』の初めに、この意味を明らかにして、

この本願力の回向をもって、如来の回向に二種あり。一には往相の回向、二には還相の回向なり。


と、述べています。

根元的に如来回向のはたらきがあるからこそ、衆生のうえに往還の道が成就するのです。往相も還相も、如来のはたらきが衆生のうえに相となって現れ出る現象であるとも言えます。

（二）菩提心

「菩提心」は、生死の迷いを超え、仏のさとりを得ようとする心のことです。仏道を歩む者にとって、菩提心を発《お》こすことは最も大切な精神であり、仏道の生命線であるとも言えるものです。

菩提心の否定

ところが、法然は『選択集』を著し、称名念仏の一行を選び取り、他の一切の行を選び捨てるとして、菩提心が往生の行であることを明確に否定します。この法然の主張は、それまでの仏道の常識を破る、破天荒のものでした。それは仏道からの逸脱と言ってもよいほどです。

当然のことながら、法然が菩提心を否定したことに対して、当時の仏教界から激しい批判がまき起こります。その代表格が栂尾の明恵房高弁でした。

法然の亡くなった年の九月に、隆寛らの手によって『選択集』が開版されるやいなや、明恵は筆を執り、『選択集』を批判する書・『摧邪輪』を著します。その中で、法然の菩提心否定の主張は、まったく仏道に違背する非仏教の邪説であるとして、厳しい論難を加えるのです。

明恵は菩提心について、次のように言います。

要を取ってこれを言えば、菩提と言ふは、即ち是れ仏果の一切智智《いっさいちち》、心と言ふは、この一切智智において希求《けぐ》の心を起す。これを指して菩提心と云ふ。一切の仏法、皆この心によって生起することを得。

（『摧邪輪』巻上、日本思想大系15）

さらに、明恵は次のような表現もします。

菩提心は一切仏道の体性なり。一切諸経所説の諸行、是れ菩提心所起の諸行なり。もし菩提心を体となすに約せば、諸経に付属する所のものは、皆是れ菩提の行なり。もしこの意を得巳りなば、当に知るべし、菩提の名字を説かざるは、理在って言を断つの道理なり。

仏のさとりを願い求める菩提心は、仏道の根本精神であり、一切の経典には菩提心の大切さが説かれている。もしも菩提心を無用とするなら、それは、もうはや仏道ではないと、明恵は法然を指弾するのです。

しかし、法然は最初から菩提心を軽視し無視したのではありません。末法の時代に生きる極悪最下《ごくあくさいげ》の凡夫にとっては、菩提心を発こし継続すること、それ自体が不可能であるとの、時機（時代と人間）に対する深い認識に立ってのことであったのです。それは自力聖道の行によって、さとりを得ることが不可能であるという自らの体験を通してのことでした。「発菩提心」や「持戒持律」などを仏道の必須条件とし、往生の行とするなら、そのような仏道はすでに時代から外れ、人間を見失っているのだと、法然は主張しようとしたのです。

称名念仏の一行こそが、すべての人々が平等に救われてゆく往生の行なのだと、法然は明確な思想表現をします。

真実の菩提心

この法然の教えを聞いた親鸞は、明恵の批判を受け止め、菩提心の問題について思索を深めてゆきます。明恵の批判は親鸞にとって重要な思想的課題となったのです。親鸞は、『教行信証』の「信巻」や「化身土巻」などで、菩提心を問題とし、論を進めてゆきます。

「信巻」では、菩提心釈を設けて、次のように言います。

しかるに菩提心について二種あり。一つには竪《しゅ》、二つには横《おう》なり。また竪について、また二種あり。一つには竪超《しゅちょう》、二つには竪出《しゅしゅつ》なり。「竪超」・「竪出」は権実《ごんじつ》・顕密《けんみつ》・大小の教に明かせり。歴劫迂回《りゃっこううえ》の菩提心、自力の金剛心、菩薩の大心なり。また横について、また二種あり。一つには横超、二つには横出なり。「横出」は、正雑《しょうぞう》・定散《じょうさん》、他力の中の自力の菩提心なり。「横超」は、これすなわち願力回向の信楽《しんぎょう》、これを「願作仏心《がんさぶっしん》」と曰《い》う。願作仏心は、すなわちこれ横の大菩提心なり。これを「横超の金剛心」と名づくるなり。

ここで、親鸞は菩提心の問題を明らかにするについて、仏教全体を分類する「二双四重《にそうしじゅう》」という教判論《きょうはんろん》を展開します。

すなわち、菩提心には「竪」（聖道門）と「横」（浄土門）という質的に異なった二種類（二双）の菩提心があり、さらに竪と横のそれぞれに「竪超」・「横超」（頓、ただちに、すみやかに）と、「竪出」・「横出」（漸《ぜん》、しだいに）の二種（四重）があるというのです。

これによって、真実の菩提心は人間の側から発こせるものではなく、如来の本願に目覚める信の一念（願力回向の信楽）において、ただちに人間のうえに開かれてくるものであることを明らかにするのです。

明恵の主張する菩提心は、人間の側から発こす自力の菩提心であって、それである限り、いかに真剣なものであっても、決して末《すえ》通ることはないのです。

ところで、明恵は『摧邪輪』において、『大無量寿経』などの浄土経典や、道綽、善導の釈文等を引いて、法然の菩提心無用の主張に反論します。その中、善導『観経疏』の初めに出る偈文の冒頭の文、「道俗時衆等各発無上心《どうぞくじしゅうとうかくほつむじょうしん》」を引いて、明恵は次のように言うのです。

「道俗時衆等各発無上心」等と云って、菩提心を以て往生とするが故に。

（『摧邪輪』巻上）

これは、法然の最も尊敬する善導も、菩提心が往生の正因であると言っているではないかという、明恵の指摘です。

親鸞は「信巻」に、この善導の文を引いて、次のような読み換えをしています。

道俗時衆等、おのおの無上心を発《おこ》せども、生死はなはだ厭《いと》いがたく、仏法また欣《ねが》いがたし。

「道俗の時衆等、おのおの無上心を発せ」と読むべきところを、親鸞は「無上心を発せども」と読み換えているのです。これは『摧邪輪』を意識してのことであったのでしょうか。おもしろいところです。「無上心を発せども」というところに、自力聖道の菩提心に対する深い断念があります。

親鸞と明恵

明恵の言う菩提心を、仏道の必須条件とするなら、ほとんどの人間はそのような仏道から落ちこぼれてしまいます。それでは万人に開かれた大乗の仏道とは言えません。このことは法然も、そして親鸞も、自らの体験を通し、骨身に徹して知らされていたことでした。それは菩提心挫折の体験とも言えるものです。

このような問題を深く見極めた親鸞は、真実の菩提心とは、いかなるものであるかを問い、それは一切衆生の救済を誓う如来の願心にほかならないと了知するのです。その願心に目覚める時、真実の菩提心は「念仏もうさんとおもいたつこころ」となって、人間のうえに開かれ、成就するのです。

真実の菩提心は、人が発こせるものではなく、その人のうえに発起してくるものであると言えます。その当体は如来の大悲心にほかなりません。如来の大悲心が回向されて衆生の菩提心となるのです。親鸞はこれを「横超の大菩提心」、あるいは「浄土の大菩提心」と名づけます。

まじめな持戒僧であり、正法の時代の再現を願う理想主義者であった明恵。その明恵にとって、仏道の根本基盤とも言える菩提心を法然が否定したことは、まったく許し難いものでした。

明恵は、法然に対して

近代法滅の主、まさにこれ汝をもって張本となす。

といった、いささか感情的に過ぎる言葉さえ投げつけるのです。

しかし、菩提心を人間の側から発こすべきものとして実体化し、仏道の必須条件としたところに、明恵の時機に対する認識の暗さがあったと言えるでしょう。それはまた持戒堅固であり、理想主義者であったが故の暗さでもあったとも言えます。

親鸞は『正像末和讃』の中で、次のような和讃をうたっています。

正法の時機とおもえども
底下《ていげ》の凡愚となれる身は
清浄真実のこころなし
発菩提心いかがせん

自力聖道の菩提心
こころもことばもおよばれず
常没流転の凡愚は
いかでか発起せしむべき

像末五濁の世となりて
釈迦の遺教《ゆいきょう》かくれしむ
弥陀の悲願ひろまりて
念仏往生さかりなり

明恵の法然に対する批判は、親鸞にとって重要な課題となったと考えられます。『教行信証』の執筆は、明恵の『摧邪輪』に盛られた専修念仏への論難に対して応答するものであったとも、多分に言えるでしょう。

親鸞と明恵は、奇《く》しくも承安三年（一一七三）の同じ年の生まれです。親鸞は五十歳を過ぎた頃から関東の地で、『教行信証』の執筆を始めます。関東から京都の地へと、親鸞が帰洛したのは六十二、三歳頃のことですが、それまでには草稿本と言われるものが一応の完成を見ていたようです。

明恵は、親鸞が帰洛する少し前の貞永《じょうえい》元年（一二三二）の一月十九日、見事なまでに戒行一筋に生きた、六十年の生涯を終えています。その最期の言葉は「我、戒を護る中より来る」であったといいます。

当然のことながら、明恵には親鸞の著した『教行信証』を読む機会がありませんでした。仮に読んだとしたら、どんな反応を示したか、興味深いものがあります。親鸞にとって、明恵という人は、念仏の思想を深めるうえで、刺激的で貴重な存在であったと言えるでしょう。

(三) 往生

「往生」という言葉は、「電車がたち往生した」という言い方に代表されるように、現在では「困る、行き詰まった」という意味を表す言葉として考えられ、使われています。しかし、本来はそのような意味を表す言葉ではありません。困り、行き詰まっていた状況が打破され、未来への展望が開かれてくるというのが、「往生」という言葉の持つ本質的な意味です。

即得往生

浄土教において、往生という言葉は大切な言葉です。親鸞は往生について、『愚禿鈔《ぐとくしょう》』

の中で、次のように述べています。

本願を信受するは、前念命終《ぜんねんみょうじゅう》なり。
即得往生《そくとくおうじょう》は、後念即生《ごねんそくしょう》なり
他力金剛心なり、知るべし。

「前念命終」とは、肉体的な死を意味するものではありません。「我」という執われに基づいた、迷いの生の終わりを告げる言葉です。そこに光に満ちた、広やかな新しい人生が開かれ、生まれてくるのです。それが「即得往生」であり、「後念即生」ということです。

この世界を、金子大栄師は、

念仏は、
自我崩壊の響きであり、
自己誕生の産声である。

と、表現しています。

阿弥陀の本願に目覚める（他力金剛心）時、迷いの根本因である我執に依拠していた人生が崩れ去り、阿弥陀仏の世界をいただいて生きる自己が誕生するのです。

天親菩薩は、これを、

世尊、我《われ》一心に、尽十方無碍光如来に帰命して、安楽国に生まれんと願ず。

（『浄土論』願生偈）

と、表白しています。

親鸞の往生思想の核心は、「即得往生」にあります。「即得往生」について、「信巻」の欲生心釈のところでは、次のようにあかされています。

『経』（大経）に言《のたま》わく、至心回向したまえり。かの国に生まれんと願ずれば、すなわち往生を得、不退転に住せんと、唯五逆と誹謗正法《ひぼうしょうぼう》とを除く、と。

「至心回向したまえり」とあるところは、本来「至心に回向して」と読むべきところです。それを親鸞は読み換えているのです。ここに「如来回向」という思想が強く表れています。

また、『唯信鈔文意』では、「即得往生」について、次のように語られています。

「即得往生」は、信心をうればすなわち往生すという。すなわち往生すというは、不退転に住するをいう。不退転に住すというは、すなわち正定聚《しょうじょうじゅ》のくらいにさだまるとのたまう御《み》のりなり。これを「即得往生」とはもうすなり。「即」は、すなわちという。すなわちというは、ときをへず、日をへだてぬをいうなり。

親鸞は往生を、信心を得る人のうえに、ただちに起こってくる事態としてとらえています。これが親鸞の往生観の特色とも言えるものです。

死後往生

親鸞以前の浄土教には、死後往生の色彩が強くありました。人々は死後、極楽浄土に生まれることを願ったのです。これを刺激したのが源信（九四二―一〇一七）の『往生要集』でした。

『往生要集』には、凄惨な地獄の世界と、それと対置するかのように美しく荘厳された浄土の世界とが描かれています。このようなこともあって、『往生要集』は人々を浄土教へと誘《いざな》いました。

中でも、特に影響を受けたのは貴族でした。平安時代の宮廷や貴族の様子などを記した『栄華物語』には『往生要集』の文がいくつか引かれています。

貴族は、現世の栄華の延長線上として、死後の浄土に憧れ、そこに生まれることを願ったのです。その象徴が藤原頼道によって為された宇治の平等院・阿弥陀堂の建立（天喜元年・一〇五三年三月）であったと言えるでしょう。

また一般にも、汚濁に満ちた現世を厭い捨て（厭離穢土）、清浄な仏国土である浄土に生まれることを欣求《ごんぐ》する（欣求浄土）といった来世的な往生思想がかなり広く浸透していました。それは現世を諦め、死後に救いを求めるという考えに基づくものです。この世は夢まぼろしくのごとくむなしいものであり、あの世（浄土）こそ常住の国であるとして、そこに生まれることを願ったのです。

親鸞も、死後の往生を決して否定してはいません。弟子への書簡を集めた『末燈鈔《まっとうしょう》』の第十二通には、

この身はいまはとしきわまりてそうらえば、さだめてさきだちて往生しそうらわんず

れば、浄土にてかならずかならずまちまいらせそうろうべし。

という言葉があります。

また、『御消息集』の第一通には、次のような言葉が見えます。

明法御房《みょうほうおんぼう》の往生のこと、おどろきもうすべきにはあらねども、かえすがえすうれしうそうろう。

ここに名の出る明法房とは、むかし山伏で、親鸞の弟子となった弁円を指します。この手紙は建長四年（一二五二）、親鸞八十歳の時のものです。

書簡に記されたこれらの文は、明らかに肉体の死を通しての往生を語っていると言えます。しかし、それは単なる肉体の死を意味するだけのものではありません。滅度《めつど》の証果《しょうか》を得るという意味を持つものなのです。

滅度の証果とは、煩悩を滅した完全なさとりの境地、仏と成ることを顕します。親鸞はこの世界を『教行信証』の中で、念仏衆生は、横超の金剛心を窮《きわ》むるが故に、臨終一念の夕、大般涅槃《だいはつねはん》を超証す。
（「信巻」真仏弟子釈）

と、述べています。

このような証《さとり》を得ることは、肉体を持つ煩悩の身においては不可能なことです。滅度の証果は現生《げんしょう》において往生を得ることを因として、そこからおのずと開かれてくる結果なのです。それはまた、念仏往生の一道を歩んだ人にとっての人生の帰結を意味するものであるとも言えます。これを昔から当益《とうやく》（当来の益）と称しています。

親鸞の往生思想の核心

親鸞における往生思想の核心は、先にも触れたように「即得往生」というところにあることは疑いのない事実です。これは先入観なしに親鸞の書いたものを読めば、よくわかるところです。

「即得往生」は正定聚に住する、あるいは不退転に住することを意味します。「正定聚」とは浄土に生まれるともがら、浄土のともがらとなることであり、「不退転」とは仏道から退転しない、すなわち迷いに沈み込むことがないということです。

阿弥陀仏の本願に目覚め、真実の信心を得る時、ただちに正定聚、不退転の世界に住することが出来る、それを「即得往生」というのです。それはまた現実の人生に浄土へという方向性が生まれ、開かれてくることを意味します。ここに穢土である現実の人生が積極的な意味を持ってきます。

ところで、親鸞は浄土について、次のように表現しています。

謹んで真仏土を案ずれば、仏はすなわちこれ不可思議光如来なり、土はまたこれ無量光明土なり。しかればすなわち大悲の誓願に酬報《しゅうほう》するが故に、真の報仏土と曰《い》うなり。

(『真仏土巻』)

浄土は「無量光明土」であり、一切の者を摂取するという阿弥陀の大悲の誓願によって出来あがった「報仏土」であることがあかされています。

光明とは、智慧であり、現実の闇を照らしだす光のことです。照らされることで現実の世界が穢土であり、自分自身が闇を作り、闇そのものの中に生きていることが知らされるのです。

ここに、浄土の光に導かれ、浄土の世界をいただいて、この現実を生きるという人生の方向性が生まれてきます。

また、浄土は誰をも排除せずに、一切の者を摂取するという阿弥陀仏の大悲心によって酬報された世界です。これは浄土の大地性とも言えるもので、浄土は大地のように、ひとり一人をその根底から支え、育くむ大悲の世界であることを顕しています。

この浄土の世界に触れる時、その人のうえに浄土という真の立脚地が与えられてきます。

これは、明治時代に出て「精神主義」を唱えた清沢満之の、

吾人の世に在るや、必ず一つの完全なる立脚地なかるべからず。若しこれなくして、世に処し、事を為さむとするは、恰《あたか》も浮雲の上に立ちて技芸を演ぜんとするものの如く、其の転覆を免るる事能《あた》はざること言を待たざるなり。

（『精神主義』法蔵館）


という問いかけに、応答するものです。この清沢満之の問いかけは人生における最も根本的な問いと言えます。

浄土の光に照らされ、浄土を立脚地として浄土に向かって、この現実を生きる。これが親鸞の言う「往生浄土」の世界です。

臨終の善悪を言わず

親鸞はまた、晩年の八十五、六歳の頃には、「信心の人は弥勒と同じ、如来と等しい」といった、思想表現までしてします。次の『御消息集』の言葉は、それを明らかに示しています。

しかれば、弥勒におなじくらいなれば、正定聚の人は如来とひとしとも申すなり。浄土の真実信心の人は、この身こそあさましき不浄造悪の身なれども、心はすでに如来とひとしければ、如来と申すこともあるべしとしらせ給え。

これは、正嘉《しょうか》元年（一二五七）十月十日の日付で、親鸞八十五歳の時に弟子の性信房へ宛てた手紙の中の一節です。

このような親鸞の思想は、従来の浄土教からの大きな転換であると言ってもよいでしょう。師の法然にしても、これほど大胆な思想の表現はしません。
さらに、驚くべきことは、『末燈鈔』の第六通に、

善信が身には、臨終の善悪をばもうさず、信心決定のひとは、うたがいなければ、正定聚に住することにて候うなり。

（文応元年・親鸞八十八歳）

とあるように、親鸞が臨終時の善悪を問題にしていないということです。

当時、臨終の善悪は人々の大きな関心事でありました。源信の頃には、臨終行儀を重視する「二十五三昧会《ざんまいえ》」という念仏結社が、慶滋保胤《よししげやすたね》などを中心として設立されたりしていました。臨終時における様子の善悪によって、往生の得否が考えられ、臨終正念、臨終来迎を願ったのです。

源信の『往生要集』にも、臨終行儀に関した記述があります。これは臨終時における念仏の在り方を説いたもので、そこには看病人の心得までが説かれています。

ところが、親鸞は、「安らかな死」を迎えようが、「苦しみながらの死」であろうが、人間における救いの確かさとは無関係だと言うのです。それは平生《へいぜい》（現在において）の時に、

救い（往生）は決まっているのだから、今さら臨終の善悪を問題にする必要性など、まったくないのだということです。

むしろ、臨終の時の善悪にこだわり、臨終正念を願い、臨終来迎などを祈る人は、念仏の信心が不明確であり不徹底なのだと、親鸞はあかします。

来迎は諸行往生にあり、自力の行者なるがゆえに。臨終といふことは、諸行往生のひとにいふべし。いまだ、真実の信心をえざるがゆえなり。（略）真実信心の行人は、摂取不捨のゆえに、正定聚のくらいに住す。このゆえに、臨終まつことなし、来迎たのむことなし。信心のさだまるとき、往生またさだまるなり。来迎の儀式をまたず。正念というは、本弘誓願《ほんぐせいがん》の信楽さだまるをいうなり。この信心うるゆえに、かならず無上涅槃にいたるなり。

（『末燈鈔』第一通）

死後の問題よりも、現実の生の問題を大切にした、それが親鸞のあかす「即得往生」の思想です。

死の問題は生の問題

しかし、それは決して死や死後の問題を軽視することではありません。死は誰にでも訪れる大切な問題です。死は生を否定するものではありません。「生死一如《しょうじいちにょ》」という言葉がありますす。生と死は一枚の紙の表と裏のようにくっついていて、切り離すことが出来ないということです。

死を通すところに、現実の生が問われてくるのです。金子大栄師に「死を問として、それに応えうる生を明らかにする」というような言葉があります。死の問題は生の問題にゆきつくのです。

また、浄土は、生のそれに依り、死の帰するところとしての「帰依処」という意味を持つものです。浄土は人生の立脚地であると同時に、共にいのちの帰してゆく世界であるということです。この意味から、浄土は「倶会一処《くえいっしょ》」の世界であるとも説かれています。

仏教の教えは、生きている時だけが花で、死んだら、それでおしまいだというような虚無思想ではありません。いのちの依り処、いのちの帰する世界を感ずるところに、一日一日の人生が深い意味を持ち、そこに生きる力が与えられてくるのです。

生活者親鸞

従来の浄土教は、生の問題よりも、死後の浄土往生を重視するという傾向にありました。死後の往生を説くことによって、人々に一定の救いと安心を与えたことは確かです。

しかし、それは未来の浄土への往生だけを願って、現実をあきらめ、現実に妥協してしまうという人間を生産することにつながってゆきます。そこからは現実を深く受け止め、生き抜くという大地に両足を着けた生活者は生まれてきません。

現実の生の問題を重視した親鸞、それは親鸞が生涯、たゆまない求道者であり、生活者であったからです。

越後や関東において、地を這《は》うようにして懸命に生きる人々のすがたに触れたことは、親鸞にとって貴重で、大きな出来事でした。また親鸞は、その生涯において、さまざまな問題と遭遇しています。これらの出来事や問題を通して、師の法然から聞いた「ただ念仏」の教えを自身に深く受け止め、内在化し根元化していったのです。

親鸞は、言います。

りょうし・あき人、さまざまのものは、みな、いし・かわら・つぶてのごとくなるわれらなり。如来の御ちかいを、ふたごころなく信楽すれば、摂取のひかりのなかにおさめとられまいらせて、かならず大涅槃のさとりをひらかしめたまうは、すなわち、りょうし・あき人などは、いし・かわら・つぶてなんどを、よくこがねとなさしめんがごとしとたとえたまえるなり。摂取のひかりともうすは、阿弥陀仏の御《おん》こころにおさめとりたまうゆえなり。

（『唯信鈔文意』）

「いし（石）・かわら（瓦）・つぶて（礫）のごとくなるわれら」、これが親鸞の立ち続けた地平です。

生活のために、生きものを殺し、商いをし、懸命に田畑を耕す人々。そのような人々を、親鸞は「われら」と受け止めたのです。

その「いし・かわら・つぶて」のごとき者こそが、今、この現実において、阿弥陀仏のみ光の中に摂め取られてゆくのだと、親鸞は言うのです。

ここには、「悪人往生」の思想があります。悪人とは、生きるためには罪を造り、悪を犯さずにはおられない、現実の人のことです。親鸞にとって、それは「われら」の世界です。善導の言葉に、次のような言葉があります。

われら愚痴の身、曠劫よりこのかた流転して、

（『観経疏』玄義分）

この「われら」こそが、摂取の光に摂められてゆくのだと、親鸞は深い頷きをもって、あかすのです。これが「即得往生」であり、「悪人往生」の思想でもあります。

この教説によって、いかに多くの人々が救われ、闇の桎梏《しっこく》から解き放たれたことでしょう。ここには骨太で、深く逞《たくま》しい親鸞の思想と、すがたがあります。

四、帰洛後の親鸞

親鸞が、約二十年のあいだ布教伝道に勤《いそ》しんだ関東の地を離れ、帰洛したのは、六十歳を過ぎた六十二、三歳の頃のことでした。

恵信尼の消息

ところで、この時、妻の恵信尼はどうしたのでしょう。夫に同行して帰洛したのか、それとも常陸に残り、後に越後へと赴いたのでしょうか。この辺の消息は定かではありません。確かなのは七十歳を過ぎた、晩年近くとなって越後にいたことだけです。

その事実は、『恵信尼文書』によって知れるところです。その第一通目は、親鸞在世の頃の建長八年（一二五六）七月、恵信尼七十五歳の時に、越後から京都にいる覚信尼へ宛てて出されたものだからです。

ただ、恵信尼が帰洛する夫と同行し、暫くのあいだ京都にいたのではないかと考えられる形跡が、『恵信尼文書』にはあります。

それは、親鸞が弘長二年（一二六二）の十一月に亡くなった、その翌年の二月に出された『恵信尼文書』の第四通にある、次の言葉からです。


又、あの御影《みえい》の一幅、欲しく思いまらせ候う也。


恵信尼が欲しいと言っている「あの御影」とは、文面からすれば夫親鸞の御影であると考えられます。親鸞の御影には「安城の御影」や「鏡の御影」など、いくつかありますが、「あの御影」がその中の、どれを指したものであるかはわかりません。「安城の御影」は親鸞八十三歳の時、絵師の朝円に画かせたものですから、「安城の御影」でないことは確かでしょう。しかし「あの」とありますから、おそらく恵信尼が見たことのある御影だと思われます。

恵信尼は覚信尼に、親鸞の亡くなった後、京都にいた頃に見た夫の肖像画が欲しいと言っているのです。すると恵信尼は七十歳を過ぎる頃まで、京都で親鸞と生活を共にしていたと、考えられなくもありません。

『恵信尼文書』によると、恵信尼は越後の地で、孫の世話などをしながらの生活をしています。その暮らしは相当に厳しいものがあったようです。不作が続き、飢え死にも覚悟しているということが文面には記されています。しかも頼みとする下人が逃げてしまい、途方に暮れながらも、何とか生活を守ろうと、必至になる恵信尼のすがたが、そこにはあります。

恵信尼の最後の手紙は、八十七歳の時の文永《ぶんえい》五年（一二六八年）三月十二日という日付のある手紙です。その中で恵信尼は覚信尼に対して、念仏を勧め、浄土で再会しましょうと語りかけています。

恵信尼は八十七歳と思えぬほど健康で、しっかりとしています。暮らし向きのこまごましたことに気を配り、縫い物の針を欲しがるなど生活意欲も充分で、その生命力には驚くべきものがあります。

しかし、この手紙を最後として、恵信尼の消息は不明となってしまうのです。いつ亡くなったかもわかってはいません。

なぜ帰洛したのか

親鸞が帰洛する、少し前の頃の天福《てんぷく》元年（一二三三）には、曹洞禅を提唱した道元（一二〇〇―一二五三）が京都深草の地に興聖寺を開いています。道元は他の一切の諸行を斥け、ただ坐禅に専念すべきことを説いてゆきます。しかし、これが比叡山の反感を買い、比叡山の衆徒は道元を洛中から追放しようと計るのです。

これを事前に知った道元は、洛中から深草の地へと隠棲するのです。道元の主著『正法眼蔵』も深草の興聖寺で、そのかなりの部分が執筆されています。さらに道元が深草の地を退き、越前の山中に赴いたのは寛元元年（一二四三）のことでした。これも比叡山の弾圧により興聖寺が破却されてのことです。

道元は、この越前の地で、曹洞禅の根本道場となる大仏寺、後の永平寺を開いてゆきます。ちなみに、道元の父は内大臣の源通親《みちちか》で、通親は法然に帰依した九条兼実と敵対する関係にあり、兼実を失脚せしめた中心人物でもありました。しかし最近では、道元の父は通親の子の通具《みちとも》とする説が有力となっています。通具は歌人で、『新古今和歌集』の撰者のひとりとしても知られています。

ところで、親鸞はなぜ、帰洛したのでしょうか。同じ頃の天福二年の六月、鎌倉幕府が専修念仏の禁止を行っています。このような動向も影響してのことと考えられます。しかし、京都においても、同じ年の七月には四条天皇の名のもとで、専修念仏者に対する取り締まり強化の院宣が出されます。嘉禄の法難から六、七年経過しているとはいえ、先のような比叡山の動きもあり、京都も決して安全な場所ではなかったはずです。

このような、厳しい情勢の中で弟子と別れ帰洛する、そこにはそれ相応の覚悟と強い意志があったからにほかなりません。それは専修念仏の教法を明らかにするために書物を著し、教えを伝え残してゆきたいという点にあったのではないかと考えられます。専修念仏の教えを聞いた、法然の弟子としての使命感です。

帰洛した親鸞は、住居を転々としながら、関東時代に執筆した『教行信証』の、さらなる完成に力を注ぐのです。それは八十歳過ぎのかなり晩年にまで及んでいます。八十三歳の頃に、弟子の専信に『教行信証』の書写を許しています。

また、七十五、六歳の頃には『浄土和讃』、『高僧和讃』を作り、七十八歳の時に『唯信《ゆいしん》鈔文意《しょうもんい》』を著します。さらに八十歳を越えてからも多くの書物を著してゆきます。八十三歳の時には『愚禿鈔《ぐとくしょう》』などを著し、八十五、六歳の頃となって、『一念多念文意』、『尊《そん》号真像銘文《ごうしんぞうめいもん》』、『正像末和讃』などといったように矢継ぎ早に書物を著してゆくのです。最晩年の書物は八十八歳の時に書いた『弥陀如来名号徳』です。
これは驚くべきことと言えます。著作活動は大変な労力を要することです。八十歳を過ぎてもなお、多くの書物を著すということは、教えを明らかにして、伝え残したいという、あふれるような情熱があってこそ出来るものです。

和讃の世界

親鸞は晩年の頃に至って、和語による書物を多く著しています。これは文字も読めない人々にもわかるようにという配慮のもとで、従来の漢文ではなく、和語でやわらげて書いたものです。これら和語で書かれたものには、親鸞の深く円熟した思想がよく表現されています。

親鸞は「和讃」を多く作っています。『浄土和讃』、『高僧和讃』、『正像末和讃』などに、うたわれている和讃の数を合わせると、五百首以上にものぼるほどです。

「和讃」は、漢文で書かれた経文や釈文の意を、和語でやわらげ、わかり易くして讃嘆したものです。平安時代の頃から流行した今様《いまよう》（現代風の流行歌謡）という形式を取り、一首が四句から成り立ち、七五調を基本としています。漢字には右側に送り仮名が振られ、左側には漢字の意味について、仮名で左訓が施されていて、読み易くなっています。

さらに、「和讃」の一首一首が、それぞれ独立したようなかたちとなっていて、一首をうたうことによって、念仏の心がおのずと通ずるようになっているのです。

親鸞は、念仏を讃嘆する「和讃」を多く作り、今様という、うたうことの出来る「和讃」に託して、念仏の教えを人々に伝えようとしたのです。

それらの和讃の中でも、特に『正像末和讃』は特筆されるべきものであると言えるでしょう。親鸞は八十四歳の時に実子の善鸞を義絶します。この問題についてはすでに述べたところです。善鸞の義絶は親鸞にとって、身を切られ、胸の抉られるような悲しみであったに違いありません。

この悲痛を通して、改めて親鸞は念仏の教法の前に身を据《す》えてゆくのです。そこから生まれてきたのが『正像末和讃』であると言えます。『正像末和讃』は、末法に生きる人間への悲痛と、念仏の救いの喜びが、みずみずしく深い感動をもって自由自在にうたわれています。

そこには、とても八十五歳とは思えぬ、深く豊かで、みずみずしい感性があります。『正像末和讃』を読む時、親鸞の感動がこちらにも伝わってくるようです。

このように、親鸞はすぐれた歌人でもありました。それは出自の日野系の家系に由来するものであったとも言えるでしょう。

関東の門弟との交流

帰洛した親鸞のもとへは、関東の門弟から教えに関しての質疑や、門弟の様子などを書き記した手紙がたびたび送られてきます。それに併せて「銭二百文」といったように、時には懇志も送られてきたようです。それに対して親鸞は懇切な返事の手紙を書き送っています。

それらの書簡を読むと、親鸞の帰洛後、関東の門弟の中で、念仏の法門に対しての、さまざまな疑問や異解が生じていたことがわかります。関東の教団はかなり混乱していたようです。

また、『歎異鈔』の第二章に、

おのおの十余か国のさかいをこえて、身命《しんみょう》をかえりみずして、たずねきたらしめたもう御《おん》こころざし、ひとえに往生極楽のみちをといきかんがためなり。

と、記されているように、時には問題解決のために、はるばる関東から親鸞のもとを訪ねる門弟もあったようです。

その中のひとりに、下野国高田の覚信房という弟子がいました。覚信房は親鸞に会いたいと、幾人かの門弟と共に京都を目指し出発します。しかし出発してから間もなくのところで病気となってしまいます。

連れの門弟は引き返すようにと勧めますが、覚信房は「死ぬほどの病気であるなら、引き返しても死ぬであろうし、留まっても死ぬであろう。同じことなら聖人にお会いして終わりたい」と言って、上洛を果たすのです。

上洛した覚信房は、やがて親鸞に看取られながら「南無阿弥陀仏、南無無碍光如来、南無不可思議光如来」と称え、合掌しつつ命終するのです。正嘉二年（一二五八）、親鸞八十六歳の時のことでした。この出来事は、蓮位房より慶信房（覚信房の子）に宛てた消息によって知られるところです。

このように、関東の門弟との交流は深く、それは親鸞が亡くなるまで続きます。関東の門弟へ宛てた親鸞の最後の手紙は、亡くなる半月ほど前の弘長二年（一二六二）十一月十二日という日付のある、「ひたちの人々の御中」に対してのものでした。

このいまごぜんのはは（覚信尼）の、たのむかたもなく、そろう（所領）をもちて候わばこそ、ゆずりもし候わめ、せんし（死）に候いなば、くにの人々、いとおしうせさせたまうべく候。このふみをかくひたちの人々をたのみまいらせて候えば、申しおきて、あわれみあわせたまうべく候。このふみをごらんあるべく候う。このそくしょうぼう（即生房）も、すぐべきようもなきものにて候えば、申しおくべきようも候わず。みのかなわず、わびしう候ことは、ただこのこと、おなじことにて候う。ときにこのそくしょうぼうにも申しおかず候う。ひたちの人々ばかりぞ、このものどもをも御あわれみあわれ候うべからん。いとおしう、人々あわれみおぼしめすべし。このふみにて、人々おなじ御こころに候うべし。あなかしこ、あなかしこ。

死の近いことを知った親鸞が、残される身寄りのない娘の覚信尼（夫の日野広綱と死別して）と即生房《そくしょう》の身を案じて、二人の扶助を常陸の門弟に懇願したものです。『親鸞聖人真《しん》蹟集成《せきしゅうせい》』の第四巻に所収されているもので、これを見ますと、字が非常に乱れています。おそらく身体の衰えで、筆を持つ手が震えていたのでしょう。

近親の行く末を心配して書かれた、この手紙は親鸞の晩年を決して汚すものではありません。妻帯し子を持つという生活を通して、凡夫往生の道を歩んできた親鸞の、いかにも親鸞にふさわしいすがたが、そこにはあって、そのすがたに親しみを覚えます。『正像末和讃』の中には、次のような一首がうたわれています。

如来の作願《さがん》をたずぬれば
苦悩の有情《うじょう》をすてずして
回向を首《しゅ》としたまいて
大悲心をば成就せり

これは、傷つき、惑い苦悩する人々を捨てることなく、その人のうえに成就しているのが阿弥陀仏の大悲心であると、うたった和讃です。

親鸞の最期

八十五歳を過ぎてもなお、情熱を傾け著作活動に取りくんできた親鸞にも、次第に身体の衰えがやってきます。

親鸞もすでに九十歳、弘長《こうちょう》二年（一二六二）の十月の頃より、老衰による病の兆候が見え始めるようになります。一旦は回復したものの、先の「ひたちの人々の御中へ」という手紙を書いた後の、十一月下旬の頃から病状が悪化し、病床に臥す状態となるのです。

それから間もなくの、十一月二十八日午時《うまのとき》（正午頃）、娘の覚信尼や弟子の顕智ら、数名の者に看取られながら、親鸞は静かに「念仏の息」たえて、その九十年の生涯を終えてゆくのです。終焉の地は三条富小路《とみのこうじ》にあった、弟の尋有《じんう》の坊舎（善法院）であったといいます。

翌日の二十九日、居合わせた親族や門弟らの手によって遺骸は東山の延仁寺へと運ばれます。そこで荼毘《だび》に付され、翌三十日には収骨されて、鳥辺野《とりべの》の北にある大谷に納められるのです。

十二月一日、父を看取った覚信尼は、越後にいる母の恵信尼のもとへ、父の死を知らせる手紙を書き送っています。恵信尼は覚信尼からの手紙を、二十日ほど後に受け取ることとなります。

夫の死の様子を知った恵信尼は、翌年の弘長三年二月十日の日付けで、

昨年《こぞ》の十二月一日の御文、同二十日あまりに、たしかに見候いぬ。何よりも、殿の御往生、中々、はじめて申すにおよばず候。…

の、文で始まる返事の手紙を覚信尼に送ります。

残念ながら、覚信尼の手紙は残ってはいませんが、恵信尼の手紙の内容からしますと、覚信尼は父の死の様子を見て、少し疑問を持ったようです。おそらく、その疑問は親鸞の亡くなった時、奇瑞が現れなかったということにあったのではなかろうかと思われます。法然の死に際して、奇瑞があったということは親鸞も語り伝えているところです。しかし父の死にはそれがなかった。そこに不審を抱いたのではないかと考えられます。

これに対して、恵信尼は、親鸞が六角堂の救世観音の示現《じげん》にあずかって、師の法然と出遇った時の様子を語ります。さらに常陸の下妻で見た、法然が勢至菩薩の化身であり、夫の親鸞は観音菩薩の化身であるという夢について、覚信尼に告白するかのように告げるのです。

このような殿であるから、たとえ臨終の様子がどのようなものであっても、往生は間違いないのだと伝えて、覚信尼が臨終に出遇えたことを喜ぶのです。

このように記す恵信尼の手紙は、とても八十歳を過ぎた老女のものとは思えません。実にしっかりとした鮮やかな筆致です。六角堂から吉水の法然のもとへと急ぐ親鸞のすがたが目の前に浮かんでくるようです。

また、夫の親鸞が観音菩薩の化身であるという夢について語る恵信尼の言葉には、親鸞のことを愛しむ女性のこまやかな気持ちが滲《にじ》み出ていて、ほのかなロマンを感じます。いかに親鸞と恵信尼の出遇いが深いものであったかが偲ばれます。

さらに、恵信尼は同じ日付で追伸を書いています。その中で、親鸞が六角堂で受けた救世観音の示現の文を書き送ったことを記し、その文を字の上手な人から清書してもらって、大切に保持するようにと、覚信尼に伝言するのです。

「女犯偈」と言われる示現の文が、親鸞だけではなく、妻の恵信尼にとっても、いかに大事な意味を持つものであったかがわかります。それは日頃から、親鸞が恵信尼に示現について語り、示現の文の大切さについて語っていたからでしょう。

「女犯偈」は、妻帯することが何ら仏道を妨げるものではない、むしろ妻子を伴う生活の中にこそ、末世における真の仏道はあるのだということを告げようとするものであったのです。その仏道こそが法然の説く専修念仏であると、親鸞は深く受け止めたのです。

親鸞は「化身土巻」本巻の末尾に、最澄の『末法灯明記《まっぽうとうみょうき》』を引いて、肉食妻帯の生活をし念仏に生きる者を「無戒名字《むかいみょうじ》の比丘《びく》」として位置づけています。

覚信尼に「女犯偈」の文を大切に保持せよと伝える恵信尼、そこには夫を懐しむと同時に、その文に導かれて夫婦として出遇うことが出来たのだと、密かに語りかけようとするものがあったと言えるでしょう。恵信尼も、また、「ただ念仏して」という法然の仰せに生きる人であったのです。

ところで、新潟の歴史研究者であり大谷派寺院の住職でもあった佐藤扶桑氏（一八九五—一九六九）の書いた論文に「恵信尼公論」というものがあります。その論文の冒頭に、

越後国は東本願寺の御臺處といはれている。それは真宗の門徒百萬を擁しているからであろう。また昔から真宗の熱烈な信者、優れたる学僧を出している事でも全国に冠たるものであろう。

併しそれよりも宗祖親鸞聖人の妻恵信尼公を持っている事が大きな誇であると思う。妻恵信尼は親鸞の妻であると云うばかりでなく日本の過去の女性の中でも比類ない程に優れた女性であった事を知って、私も真宗門徒の一人として非常に嬉しく思うと共にそれが今迄埋もれて居た事を越後人として悲しく思うものである。

（『新潟親鸞学会紀要』第7集に掲載）

と述べて、恵信尼を熱く讃仰しています。

親鸞の一生

平安末期という乱世の時代に生を受けた親鸞。苦悩と長い求道の歴程の末、親鸞はようやく二十九歳の時に、生涯の師となる法然と出遇い、「雑行《ぞうぎょう》を棄てて本願に帰す」人となったのでした。その後の親鸞は、さまざまな問題に遭遇しながらも、法然の弟子として「ただ念仏」の仰《おお》せに生きる生涯を送ることとなるのです。

その中でも、三十五歳の時に起こった承元の法難は親鸞に大きな試練を与えます。越後へ流罪となった親鸞はこれ以降、自らを「非僧非俗《ひそうひぞく》」（僧に非ず俗に非ず）と位置づけ、「愚禿《ぐとく》」と称して「愚禿親鸞」と名告ることとなります。「愚禿」とは「愚《おろ》かにして戒を破って生きる者」という意味であり、法然の「愚者になりて往生す」という言葉に呼応するものと言えます。

言葉も違い、環境風土の厳しい越後の地を歩み、泥にまみれて生きる「いなかの人々」と触れ合う中での生活の日々、これによって、親鸞の思想は確実に鍛えられ、深みを増してゆくのです。

曽我量深師は「自己の還相回向と聖教」という論稿（大正六年、四十三歳）の冒頭に、次のように記しています。

「石を枕、雪を褥に」私は祖聖を想う時に、いつもこの文句を想ひ出さずに居られぬ。あの郷里の大吹雪の夜、私はあたたかな母の懐に抱かれながら、夢幻のやうな、無邪気な心に印せられた語であった。まことに雪はわが郷里北越の徴象であり、わが亡き母の徴象であり、特にわが祖聖の徴象である。

（『曽我量深選集』第三巻）

親鸞には、いかなる現実をも受け止めて、念仏の教えを深めるという強靭な意思と思索力がありました。それが多くの書物を著す原動力となり、深くて広がりのある思想の表現へと繋がってゆくのです。

それは、専修念仏の教えを説く法然との出遇いによってもたらされたものでした。親鸞は法然を「よき人」として敬い、法然の弟子としての立場に身を置き続けるのです。

親鸞は、『教行信証』の末尾に、

慶《よろこ》ばしいかな、心を弘誓《ぐぜい》の仏地《ぶつじ》に樹《た》て、念を難思《なんじ》の法海に流す。深く如来の矜哀《こうあい》を知りて、良《まこと》に師教の恩厚《おんこう》を仰ぐ、慶喜《きょうき》いよいよ至り、至孝いよいよ重し。

という、一文を残しています。

ただ一筋に、専修念仏の仏道を歩み、その仏道にいのちを捧げ尽した親鸞。親鸞の一生は、現在を生きる私達ひとり一人にとっても、大きな光りとなるものでした。

◉法然と親鸞関連年表

年	法然の事項（（　）内は年齢）	親鸞の事項（（　）内は年齢）	その他の事項
1133	美作の国稲岡の庄に生まれる。		
1141	(9)父漆間時国の死。		
1145	(13)比叡山に上り、源光に師事。		
1147	(15)皇円のもとで出家受戒。		
1150	(18)黒谷の叡空の門に入り、法然房源空と号す。		
1156	(24)嵯峨清涼寺に参籠、南都の学僧を訪ねる。		保元の乱。
1159			平治の乱。
1173		京都、日野の里に生まれる。	明恵誕生。
1175	(43)専修念仏に帰し、浄土宗を開く。		
1181		(9)慈円のもとで出家得度、比叡山に上る。	平清盛没。

1185			平家滅亡。
1186	(54)聖道の学僧と論争（大原問答）。		兼実摂政となる。
1191		(19)磯長の御廟に参籠、夢告を受ける。	
1198	(66)九条兼実の要請により『選択集』を著す。		
1199			源頼朝没。
1200			道元誕生。
1201		(29)六角堂参籠。法然と出遇い、専修念仏に帰入。	
1204	(72)「七箇条制誡」を作り、天台座主に提出。		
1205	(73)貞慶「興福寺奏状」を作り、専修念仏の禁止を要請。	(33)『選択集』を書写。	
1206			明恵高山寺創建。

1207	(75)承元の法難により、四国に流罪。赦免により、摂津の勝尾寺に入る。	(35)承元の法難により、越後に流罪。	兼実没。
1211	(79)11月、入洛の許可を得、東山大谷に居住。	(39)赦免、その後しばらく越後に止まる。	
1212	(80)源智に「一枚起請文」を与え、1月25日に入滅。9月、隆寛らの手によって『選択集』開版。11月明恵『摧邪輪』を著し『選択集』を批判。		鴨長明『方丈記』を著す。
1214		(42)常陸に居住。	
1221			承久の乱。
1223			道元入宋。
1224		(52)稲田で『教行信証』を執筆。	
1227	比叡山衆徒が法然の墓を破却し、『選択集』の版木を焼く。隆寛ら流罪（嘉禄の法難）。		道元帰国。

1232			明恵没。
1234		(62)幕府、専修念仏の禁止。この頃、帰洛。	
1243			道元、越前に向かう。
1248		(76)『浄土和讃』、『高僧和讃』、を作る。これ以降、多くの書物を著す。	
1253			道元没。日蓮、法華宗を開く。
1256		(84)善鸞義絶。	
1260		(88)最後の書『弥陀如来名号徳』を著す。	日蓮『立正安国論』を著す。
1262		(90)11月28日入滅。	

〈主要参考文献〉

大橋俊雄校注『法然上人絵伝』岩波書店
細川行信『法然』法蔵館
佐々木正『法然と親鸞』青土社
宮崎圓遵『親鸞とその門弟』永田文昌堂
平雅行『親鸞とその時代』法蔵館
今井雅晴『親鸞の家族と門弟』法蔵館
松尾剛次『親鸞再考』ＮＨＫブックス
菊村紀彦・仁科龍共著『親鸞の妻・恵信尼』雄山閣
『日本思想体系』岩波書店
『曽我量深選集』弥生書房
『金子大栄選集』コマ文庫
『読める年表日本史』自由国民社
他

あとがき

真の「出遇い」とは、それによって自分自身が教えられ、導かれてゆくことではないでしょうか。
福井県に在住し、現代の妙好人（篤信の念仏者）と言われた竹部勝之進さんの詩に、「石に遇う」と題しての、次のような詩があります。

石に遇う

路傍に石がころがっている
石は一つ一つおのれの存在をよろこんでいる
石は子どもに拾われて

ドブの中に沈められても小言をいわない
ああ石の尊さよ

（詩集『はだか』より）

この詩には、なんでもない平凡な「路傍の石」という存在を通して、自分自身のすがたが知らされてきた世界がうたわれています。

『出遇い、法然と親鸞』という原稿を書き終えて、改めて法然と親鸞の出遇いが、いかに大きく深いものであったかが、身にひしひしと感じられてきます。二人の出遇いは日本史上において最も根元的で、貴重な出遇いであったと言えるでしょう。

親鸞は生涯、法然を「よき人」として敬い、自らを法然の弟子として位置づけ、そこから逸脱することはありませんでした。

また、法然にとっても、親鸞と出遇ったことは刺激的で、喜びの深いものであったに違いありません。法然は親鸞に、専修念仏の思想の衣鉢を継ぐものとしての存在感を感じとっていたことでしょう。

この意味からすれば、法然と親鸞の関係は二人にして一人、一人にして二人という関係であると言えます。法然なくば親鸞は生まれず、親鸞なくば、法然の唱説した専修念仏の教えは、今は、我々が見聞出来るような教えとならなかったに違いありません。

この書は法然と親鸞の出遇いに焦点を当て、二人の生涯を顕彰しつつ、法然の「ただ念仏して」という専修念仏の思想と、それを「仰せ」として聞き、伝統した親鸞の思想とについて少しく明らかにしたものです。

なお、この書を著すにおいて、一般の方々にも読みやすいようにと言う配慮のあったことを付言しておきたいと思います。最後となりましたが、出版の労をとって下さった白馬社代表の西村孝文氏には深く感謝申し上げる次第です。

二〇一一年春

花井　性寛

◎著者紹介
花井　性寛（はない　しょうかん）

1947年10月、新潟県に生まれる。真宗佛光寺派佛照寺住職。

龍谷大学大学院修士課程（真宗学専攻）修了。

現在、佛光寺派宗学院院長、勝友会（布教使の会）会長、全国教務所長会会長、保護司などを務めている。

著書や主な論文に『呼応の教学』（白馬社）、「願生浄土」、「浄土論講讃」、「信の研究」、「真宗の教え」等がある。

出遇い、法然と親鸞

2011年３月10日　発行

著　者　花井性寛
発行者　西村孝文
発行所　株式会社白馬社
〒612−8105　京都市伏見区東奉行町１−３
電話 075(611)7855　FAX 075(603)6752
URL http://www.hakubasha.co.jp
E−mail info@hakubasha.co.jp
印刷所　㈱太洋社

ISBN978-4-938651-80-0